KB265715

이명박 정부 비판

이명박정부 비판

김영규 지음

박종철출판사

이명박 정부는 오늘부터
노동자·민중의 거센 저항에 부닥칠 것이다.

한국은 지난해 새로운 대통령으로 야당인 한나라당의 이명박을 뽑아, 그가 오늘 제17대 대통령으로 취임하였다. 노무현의 '대안 찾기'로 오래 전부터 한국 보수 정치에서 부상했던 이명박은 이로써 김대중과 노무현에게 건너갔던 권력의 '잃어버린 10년'을 되찾아 온 사람이라는 일반적인 평가를 받고 있다. 이것은 보수 두 정당 사이에는 맞는 말이다. 하지만 그들 모두가 자본주의를 추구하는 인사들인 점에서 보자면, 권력은 자본주의를 떠나 본 적이 없이 '그들만의 리그'로 대를 이어 계승된 것이다.

한국의 자본주의는 현재 세계 제13위의 선진 경제이다. 한국은 그간 안정적인 민주정치를 시행해 오고 있다는 평가를 세계의 다른 나라들로부터 받고 있다. 이런 한국 사회를 이명박 정부는 특히 신자유주의 정책의 전면화로 더욱 발전시킬 것으로 국민은 기대하고 있다.

국민들은 누구나 사회가 안정되고 풍요롭게 발전하기를 원한다. 그리고 국민들은 한국과 같은 자본주의사회가 이명박의 집권 5년으로 미국과 같은 선진사회에 더욱 가까워 질 것으로 기대한다. 국민들의 그런 기대 어린 판단은 한국 사회를 이끌어가는 지배계급과 그들이 선호하는 자본주의에 대한 무의식적 신뢰로부터 나온 것이다. 그런 신뢰를 가져온 가장 큰 요인은, 국민들이 지금까지 아슬아슬하게 살아온 자본주의가 '현실 사회주의'에 비해 오래 살아남았다는 사실이다. 그래서 자본주의가 현재와 향후에 국민들의 저항에 부딪혀 존폐의 위기에 봉착하더라도, 자본주의 이외에 안정되고 풍요로운 발전을 기약하는 대안을 찾기가 아직은 어렵다는 인식이 사람들의 뇌리에 깔려 있다. 우리는 국민들의 그런 일반론적 인식과는 다르게 21세기 새로운 사회주의가 대안임을 이 책을 통해 증명할 것이다.

자본주의사회가 지금까지 정치적으로 평화롭게 민주적으로 유지될 수 있었던 것은 자본주의의 병폐를 시정하기 위해, 시장을 지배하는 기업을 미약하나마 규제하는 것과 국가의 자원을 일부 사회적 정의와 복지로 돌리는 것이 있었기 때문이었다. 그런데 선진 경제들은 제2차 세계대전 이후 점차 하락해 온 경제성장을 타개하기 위해 자본(기업)의 자유로운 활동을 지난 세기 말부터 강화하였다. 이에 선진국들은 규제 완화, 민영화, 복지 축소 등 이른바 신자유주의 정책을 적극 추구해 시장경제를 더욱 예측이 어렵게 만듦으로써 국민의 생존을 더욱 위기에 빠트리고 있다. 이것은 역설적이게도 자본주의의 개혁을 넘어 그것의 폐기를 더욱 앞당기는 결과를 초래할 것이다. 그래서 신자유주의의 세계화는 언젠가 시장경제의 문제를 광범하고 급속하게 세계적으로 확산시키며 자본주의의 최후 단계인 깃으로 규정될 것이다.

우리는 이명박 정부를 고발하고 이 정부의 대안을 찾기 위해, 이명박 정부 비판과 대안A Critique and Alternative of Lee Myung Bak Government 이란 이름으로 모두 3권을 발간할 계획이다. 이 가운데 첫 권을 『이명박 정부 비판』이란 이름으로 오늘 그의 취임식에 맞추어 탈고하였다. 제2권은 『이명박 정부 주요 정책 평가』이고, 제3권은 『이명박 정부의 대안』이 될 것이다. 이 모든 글들은 사회과학의 일반적 수준에서 규명한 것이기 때문에 누구나 쉽게 이해할 수 있을 것임을 우선 밝혀 둔다.

제1권에서는 이명박 정권을 우선, 자본주의를 결코 극복할 수 없는 자유민주주의를 이념으로 추구하는 정부라는 것을 밝힌다. 이명박 정부는 대외적으로 북한을 고립시켜 미국의 압력에 추종토록 하는 친미 보수주의를 기반으로 하는 외교와 국방 정책을 펼 것으로 보이며, 대내적으로 자유 시장을 중시하는 경제 원리와 친기업적 노선인 신자유주의 원리를 강하게 밀어붙일 것으로 보인다. 이에 이명박 정권은 독점재벌 강화의 기조 아래 민간 주도의 성장을 우선함과 함께 정부의 권한을 상대적으로 왜곡 내지 약화시키는 보수 우익의 정치 경제 논리를 강조할 것이다.

우리는 이 책을 쓰기 위해 이명박이 쓴 『신화는 없다』(2005년 5월, 김영사)와 매일경제신문사가 발간한 『MB노믹스:이명박 경제 독트린 해부』(2008년 1월)를 주로 참고하였다. 끝으로, 이 책을

급히 준비하는 데 편집과 자료 수집을 같이해 온 민초民草연구실
김호윤 조교의 노고를 치하한다. 그리고 이 졸서를 발간하기로 결
정한 박종철출판사에 감사를 드린다. 마지막으로 이 책은 인하대
학교의 지원에 의거 출간되었음을 알린다.

2008년 2월 25일

김영규

차례

제 1 장

자본주의적 민주 정권

인간이 생활하는 사회는 끊임없이 변화한다. 이것은 자연계도 마찬가지이다. 그런데 인간이 종래와는 달리 의미 있는 물질적 또는 정신적 변화를 추구하면서, 몇 천 년 전부터 인간과 사회를 통제할 수 있는 권력을 필요로 했다. 이 권력이 바로 국가이다. 지금 이러한 권력이 대통령을 중심으로 하고 있는 한국에서, 국민들은 2007년 12월에 올해부터 5년 간의 새로운 권력자인 제17대 대통령으로 이명박을 선출하였다. 이명박은 기업인 출신으로서 서울특별시장을 역임했으며, 야당인 한나라당의 대통령 후보로 출마하여 노무현 정권을 교체하였다.

그렇다면, 이명박이 향후 5년 간 한국 국민들의 변화, 그리고 한국 사회의 변화를 주도하기 위해 그에게 제일 먼저 필요한 것은 무엇일까? 그것은 한편으로 권력자가 평소 사회의 변화에 대해 자신이 생각하던 바를 압축적으로 망라한 것이고, 다른 한편으로 다수 국민들이 평소 바라고 있는 우리 사회가 변화된 모습일 것이다.

한국 사회가 만약 민주적이라면, '대통령의 생각 = 국민들의 생각'으로 모아진다. 이에 접근하지 못한 대통령 후보들은 결국 고배를 마시게 된다. 이와 같은 '대통령과 국민 간 사상의 일원론'은 사회과학을 공부하는 사람이라면 누구나 쉽게 이해할 것이다. 왜냐하면 국가 사회를 민주적으로 대표하는 사람이면 그 사회의 구성원들인 국민들 다수와 생각이 같아야 되기 때문이다.

사회의 이념은 이론에 근거

이와 같은 일원론적 개념이나 인식이 현대 민주 사회를 연구해 온 사람들의 기본적인 사고이고 일반적인 지식이며 보편적 과학이다. 그렇다면 한국 대통령이 한국 사회를 바꾸고자 할 때의 생각인 이념은 과연 무엇인가?

이념ideology이란 사회가 사람들의 욕구에 더욱 다가갈 수 있도록 사회를 다시 구축하거나 창출하는 데 필요한 관념들을 조직하는 체제로 정의 내릴 수 있다. 우리는 이념을 개인들이 보유하는 관념, 가치, 정서 등을 종합한 개념으로 통상 여긴다. 이에 따라 이념을 마치 종교적인 열정으로까지 지지하는 사람들을 이념가ideologue라고 부르는데, 심지어 자신들의 이념만이 최고의 관념이요 가치로 여기는 극단적인 이념가들을 독단론자 또는 독단주의자dogmatist라고 부르기도 한다.

한 나라의 지도자에게는 반드시 이념이 필요하다. 이명박의 경우, 그는 한국을 대표하는 지도자로 선출된 만큼 향후 적어도 5년간 한국 사회를 어떤 모습으로 바꾸어 놓을 것인가에 대한 신념이 필요한 것이다. 2008년 2월 25일 오늘 그는 대통령 취임사에 자신의 이념을 선포하였다. 그런데 여기서의 문제는 그가 한국이란 자본주의사회를 이렇게 또는 저렇게 바꿀 것이라는 신념이 과연 '이념'의 정확한 정의에 해당될 수 있는 것인가이다. 우리는 여기서 이념을 좀 넓게 해석하여, 취임사에서 한국 자본주의의 변화 양상을 논한 것은 자본주의 체제의 성숙을 말한 것이며 이는 곧 사회주의로의 변혁을 위한 토대를 마련한다는 점에서 이념인 것으로 보자. 그러나 이념을 엄격하게 해석하는 입장에서 보자면, 자본주의사회에서 이념이란 사회주의사회로의 변혁을 제시하는 것이라는 점에는 변함이 없다.

지난번 제17대 대통령 선거에서 자본주의의 개혁reform이란 보수적 관점은 몇몇 후보들이 견지하고 있었지만, 그것의 변혁revolution이란 진보적 이념을 제시한 후보는 한국사회당 후보 외에 아무도 없었다. 그래서 지난번 대통령 선거는 엄격하게 볼 때, 전체적으로 이념적 변화를 추구하는 대결 구도가 아니었으며, 좋게 보면 후보들 간 정책적 경쟁 구도였다고 할 수 있다.

이런 점은 올해 대통령 선거를 치르는 미국에서도 마찬가지다. 예컨대, 올해 대통령 선서를 치르는 미국에서 민주당의 경우, 비락 오바마와 힐러리 클린턴 사이에 벌어지는 치열한 예비 선거야말로 '누가 미국민들의 생각(인기)과 일치하는가?'를 확인하는 정책적 경쟁이다.

국민들의 생각이 곧 대통령의 정책을 변경할 수 있다는 역逆 또한 성립한다. 여기에서 중심이 되는 대통령의 '정책'이란 주어진 임기 동안에 그 또는 그녀가 사회를 어떻게 바꿀 것이냐는 것이다.

이는 곧 사상이나 이념 또는 철학이다. 그러나 과거나 현재나 이런 관념이 정치적 관념으로 수용되어 일정한 세력, 즉 정치 세력(정당)으로 성장하려면 해당 시대에 실현 가능할 것으로 여겨지는 사상이나 이념이라야 한다. 그래서 시대적 정신에 비추어 가능하지 못한 것들은 흔히 공상적이거나 환상적인 관념들로 간주되어 역사의 뒤안길로 패주하고 만다.

어떤 시대와 장소에서 어떤 일이 실현될 것이라는 이념이나 사상에 대한 믿음은 결국 어디에서 찾아지는가? 어떤 이념에 대한 신뢰란 결국 그것에 대한 이론(진리)으로부터 나온다. 이론은 곧 사물들 간 관계인 상관관계 또는 인과관계를 찾는 연구에서 개발된다.

이에 우리의 결론은 이렇다. 어떤 정치 세력이든 민주 사회에서 국민들의 지지를 받기 위해서는 적어도 시대적, 장소적 상황에서 그들의 이념이나 사상이 이론적으로 또는 가설적으로 실현 가능하다는 검증이 있었거나 있어야 한다. 그래서 어떤 국가 사회의 지도자도 이론으로 뒷받침되는 이념으로 사회 변화를 시도하는 것이다. 그래서 자본주의사회의 어떤 지도자든 자본주의사회의 변화를 추구하는 넓은 의미의 이념을 보유하는 것이며, 이런 이념은 거의 반드시 이론에 근거를 두는 것이고, 그런 연후에야 실천이 가능한 것이다.

대통령의 실천은 이념 없이는 곤란

"이론으로 하는 것이 아니라 실천으로 하는 것입니다. 좋은 정책이 있다고 해서 다 실천할 수 있는 것은 아닙니다." 이명박 대선 후보가 2007년 10월 18일에 열렸던 세계지식포럼에서 갈파한 내용이다. 이러한 실천을 앞세우는 노선을 이명박의 대선 캠프에서는 '경험적 실천주의'라고 설명하였다. 그리고 매일경제신문사의 『MB노믹스』는 이를 지극히 확대하여 해석한다. 그리하여 이명박이야말로 실천하는 경제 대통령이고, 실천이 곧 그의 국정 철학이라고 강변한다.(17~21쪽)

그렇다면, 우리는 거꾸로 이명박 당선인에게 다음과 같은 질문을 던져야 한다. 어떤 정책이나 실천을 집행하고자 할 때, 그것이 과연 국민에게, 즉 국가 사회에 어떤 영향을 미칠 것인가를 '무엇으로' 알고 주장하며 집행코자 하는가? 다시 말해, 지금까지 어떤 정책의 이론적 효과를 모른 채 그것을 무조건 실천한 정부가 인류의 현대사에 과연 온존하게 존재할 수 있었던가?

어떤 정책을 X라 하고 이것이 사회에 미치는 영향 또는 효과를 Y라 하면, 이를 X→Y로 간단히 표시하기로 하자. 이런 간단한 공식에서, 우선 Y를 찾는 것도 그렇고, 그것에 이르는 화살표라는 과정을 찾는 것도 그렇고, 이 모든 것에는 어떤 이론이나 진리가 작용하고 있다. 이론들을 발견히거나 상황에 따라 해석해 내는 일은 학자들, 과학자들의 몫이고, 이들의 집합적 제도인 대학이나 연구소의 몫이다. 위에서 말한 '무엇으로'에서의 '무엇'이란 곧 '이론이나 진리'를 의미한다.

그렇다면 이명박은 그런 이론을 무시하고 독단이나 상식으로 향후 5년간 정책을 펼 것인가? 나는 이것은 물론 아닐 것으로 '적어도' 판단한다. 그 이유는 이명박도 대학에서 가르치고 있는 학문이나 이론이 과연 무엇인가를 '적어도' 알고 있을 것으로 보이기 때문이다.

『MB노믹스』가 강조하는 대로 이명박 정부는 실천만을 중시한 채 진리를 무시하고 이론을 잠재운 결과, 역사상 —— 특히 국민들의 의식이 점차 계몽된 역사에서 —— 정책의 예측을 불허하는 무능한 정권으로 낙인이 찍혀 하야下野할 것인가? 어떤 정책이든 그것의 이론적 결과를 무시한 채 오로지 정권적 필요에 의거하여 실행된다면, 그런 정책은 그것이 몰고 오는 부정적 효과인 사회적 파란을 장기적으로 결코 피할 수 없다.

우리는 그런 사례로 미국에서 1920~33년에 유지되었던 이른바 금주법Prohibition Law 시대를 가장 전형적인 것으로 들 수 있다. 이 법은 술의 제조, 판매 및 운송을 금지한 법률이었다. 향후 어느 나라에서 이런 허무맹랑한 법률이 언젠가 다시 제정될지 모르겠지만, 당시 이 법은 미국에서 번진 금주 운동Temperance Movement의 총결산이었다. 이것은 미국연방헌법 제18차 수정안이 볼스티드법 Volstead Act(1919)의 통과로 효력을 발하면서 시작되었는데, 당시 미국 법원에서는 30만 건의 유죄판결이 있었음에도 불구하고 이 법을 무시하는 음주는 계속되었으며 더구나 술집과 술 제조가 번성했다.

금주법에 의해 미국은 하루아침에 불법 천지가 되었다. 당시 불법인 술의 공급을 통제했던 알 카포네 같은 깡패들의 성공은 경찰과 공무원들의 부패도 조장했다. 1931년 위커샘위원회Wickersham Commission는 금주법이 국민의 법에 대한 무시를 일반적으로 조장한다는 것을 깨닫고는, 마침내 금주법이 더 이상 집행될 수 없다고 선언했다. 이로써 연방 정부 차원에서는 헌법 제21차 수정안에 의해 금주법이 폐기되었지만, 많은 주州와 시, 군에서는 전부 또는 부분 금지를 여전히 시행하다가 1966년이 되어서야 금주법은 미국 내에서 완전히 청산되었다. 이로써 금주법이 미국에서 완전히 자취를 감추는 데 무려 46년이 걸렸다.

우리가 여기서 주장하고자 하는 바는, 그런 금주법이 지난 세기의 전반부에 갑자기 등장하게 된 것은 '순전히' 정치적 이유에 근거한다는 점이다. 당시 미국은 유럽의 반자본주의 혁명운동과 1917년 러시아혁명에 공감하는 지식인, 노동자들로 인해 질서유지가 어려웠다. 미국 정부는 그러한 어려움에서 벗어나기 위한 수단으로 가족적, 종교적 논리를 내세우다가, 결국은 엉뚱하게 금주 윤리를 국민들에게 강요한 것이었다.

금주법과 관련해 우리가 새겨야 할 중요한 진실은 어떤 정책이든 법률이든, 그것이 사회에 미치는 영향에 대한 '사전' 평가인 이론이 없이는 정확하거나 긍정적 효과를 결코 볼 수 없다는 것이다. 그런 정책은 물론이고 그런 정책을 실시한 정권은 하나의 에피소드로 끝나고 말 것이다. 그래서 우리는 '그것이 국가 사회에 끼친 해익은 도대체 이떻게 할 것인가' 리는 질문을 이명박과 같은 정치인에게 던져야 한다.

지금까지 어떤 정부든, 그것이 적어도 국민의 선거에 의해 선출된 정부라면, 국민인 개인들의 각자 판단에 의거하여 선택된 셈이다. 그리고 그 이상도 이하도 아니다. 그래서 누가 대통령으로 선출된다는 것은 국민 다수의 성향과 의도에 가장 적합한 인물이 선택된 것을 의미한다. 다수의 성향과 의도를 잘 파악하는 것은 우선 정당의 몫이고, 결국에는 대통령 후보의 몫이다.

그래서 21세기에 노무현에서 이명박으로 이어지는 역대 한국의 대통령 당선인들은 시대의 흐름을 잘 파악하고는 한국이라는 상황을 잘 이용한 인물들이다. 그런 점에서, 노태우까지의 군인 대통령들을 제외한다면, 1993년에 집권한 김영삼 이후 2008년의 이명박까지 민간 대통령은 한국 사회가 추구하는 민주적 이념이나 민족적, 사회적 가치에 그 나름대로 부응한 사람들로 보면 될 것이다. 그래서 한국 유권자들은 이명박이 내건 이념이나 가치를 현재 가장 선호하고 있는 것으로 판단된다. 그러나 유권자들의 이런 기호도 인간과 사회는 변하기 때문에 곧 바뀔 것으로 판단된다.

이명박 정권은 철저한 자본주의자 정권

이제 이명박의 가치, 이념, 철학 등을 찾기 위해 다시 『MB노믹스』에 귀를 기울여 보자. 이명박의 철학은 그가 내놓은 각종 경제 공약에 속속들이 반영돼 있다는 말로 그 책은 시작한다. 따라서 그는 자유주의와 공동체주의, 민주화와 산업화, 성장과 복지, 시장과 정부 등을 대립적인 관계로 보지 않는 셈이라고 한다(18쪽). 이는, 대립적인 개념으로 파악한다는 것은 이념적 정파가 생기고 투쟁이 벌어지는 것 쯤으로 본다는 시각의 반영이다. 그래서 MB노믹스를 이념의 거품을 뺀 경제 독트린이라고 해석한다. 이런 MB노믹스의 실용주의, 즉 이념을 뺀 실용 노선이 앞선 정권들과 구별되는 주요한 특징이라고 한다.

김대중 정부의 DJ노믹스가 '민주주의와 시장경제의 병행 발전'

을 기본 철학으로 제시했던 한편, 노무현 정부의 노노믹스는 '큰 정부와 사회복지 지출 확대'에 주안점을 두었다. 이에 비하면 행동 계획Action Plan만이 즐비한 MB노믹스는 아무런 이념이나 철학이 없는 '창백한' 계획으로 비춰질 뿐이다. 하지만 『MB노믹스』는 이명박이 내세운 실천과 실용이 이명박의 리더십, 21세기 여건에 맞도록 재조정한 국정 철학이라고 강변한다(21쪽).

『MB노믹스』는 이명박이 행동이나 실천만 있을 뿐 어떤 이념이나 가치에 관한 관점이 없다고 말한다. 앞에서 본 일원론에 따르면, 이명박은 마치 국민들이 장래 추구하는 이상이 전혀 없이 현재 처한 상황에서 욕구대로 살아가는 존재쯤인 것으로 상정하고 있는 셈이다. 우리는 『MB노믹스』가 이명박은 아무런 이념이 없다고 보는 것은 아주 엄격하게 해석한 입장인 것으로 본다. 그러나 『MB노믹스』는 이명박의 실용주의 노선만 강조하다가 그런 실용주의가 전제하고 있는 이념인 자본주의적 민주주의capitalist democracy(이것은 과거에 자본가계급 민주주의bourgeois democracy라고 한 용어를 현대적 의미로 풀어 쓴 것이다)를 놓치고 말았다.

그렇지만 이명박 정권의 신념은 적어도 국민의 대다수가 선호하는 자본주의사회를 곤긴히 지기는 것이다. 이와 같은 사회의 토대 위에서 국가적 차원의 이념은 1987년 이래 대통령 직선제라는 민주적 장치를 계속 유지하는 것이 한국 민주주의의 현주소이다. 이것이 곧 한국이라는 나라에서 국민의 다수가 동의하고 있는 자본주의적 민주주의이다. (민주주의는 어떤 사회체제에서도 가능하므로, 여기서 자본주의적 민주주의란 굳이 이야기하자면 사회주의적 민주주의socialist democracy와 대립되는 개념이다.)

그래서 우리의 결론은 이렇다. 'MB노믹스'에 이념이 없는 것
이 아니다. 선진국들은 자본주의가 생활이고 현실이어서 그것을
전제로 민주주의를 추구하는 상황에 있다. 그래서 이명박 정권은
현 시기 민주주의를 이념으로 굳이 강조할 필요가 없다. 더구나 한
국에서 민주주의가 정치적 이념으로 투쟁하는 시대는 이미 과거
이기 때문에 이명박은 거론하지 않았다. 나아가 국민 일반 내지는
다수가 현실 추구 성향이 있음을 잘 파악하고 있는 이명박은 당선
을 위해서도 이념보다는 실천을 강조할 수밖에 없었다.

그래서 『MB노믹스』가 재삼재사 강조하는 실천이나 실용 노선
은 그가 볼 때 너무나 당연한 이념, 이른바 전통적 자본주의적 민
주주의라는 이념 하에서 향후 5년간 추진코자 조직하는 정책이나
대책을 의미한다. 그래서 실용주의란 어떤 개인이나 단체가 현재
사회에서 유행하는 이념을 전제로 사회 구성원들 다수에게 적합
하거나 다수가 동의하고 있는 행동(정책)을 조직하는 방안이다.

자본주의사회에서는 사회주의만이 대안 이념

어느 국가 사회든, 또는 어느 정당이든, 어떤 사안에 대한 태도
가 결코 변하지 않는다는 것을 전제로 할 수 없다. 어느 사회에서
든 변화가, 진보든 퇴보든, 또는 느리든 빠르든, 일어나기 마련이
기 때문이다. 지금 인권이 문제되고 있는 북한은 예컨대, 중국, 베
트남 등 다른 나라들이 사회의 주요 변화인 경제 발전(생산력 향
상)을 위해 자본주의를 애써 지향하고 있음을 주목할 필요가 있
다. 우리는 사회주의로 변혁하기 위한 사회는 분명히 생산력이 성

숙한 발전 단계에 이르러야 한다는 것을 알고 있다. 그런 점에서 현재 국가 생산력이 낮은 단계에 있는 북한은 자본주의 이전의 역사 발전 단계인 '봉건적' 주체사상 체제에 매몰되어 있는 것은 아닌지 자문해 볼 필요가 있다. 북한은 남한과 같은 자본주의사회보다 생산력이 퇴보한 사회로 현재 규정될 수밖에 없다. 지금 학계에서는 사회의 변화는 느리지만 꾸준히 발전의 방향으로 가고 있다는 것이 정설이다. 이것을 흔히 사회의 진화라고 부른다.

선진 자본주의는, 제2차 세계대전 이후 그것의 성장세가 세계적으로 둔화되어 왔지만 그 존폐의 위기를 국가의 빠른 변신과 함께 극복하면서 점진적으로 성장한 역사를 갖고 있다. 그래서 자본주의가 이제 현재의 실재實在인만큼 자본주의 자체를 바꾸고자 하는 사회주의만이 하나의 공동선共同善common good인 이념으로 간주되고 있다. 다시 말해, 자본주의의 틀 내에서 시장을 얼마나 넓히고 정부는 어떤 기능을 수행해야 되는가 따위의 현실주의적 태도는 기능이지 이념이 될 수 없다. 그런 점에서 MB노믹스에 '이념이 없다'는 매일경제신문사의 말은 자본주의가 전일화全一化되는 세계에서 어쩌면 맞을지도 모른다.

『MB노믹스』처럼 자본주의적 실용 노선을 강조하는 입장을 우리는 탈이념적 성향이나 관념이라고 부른다. 이런 탈이념이 국제정치적으로 시작된 것은 1979년 덩샤오핑鄧小平의 개혁 이후 1980년대 중국이 몰고 온 변화부터이며, 이어서 1991년 소련의 해체가 탈이념적 세계를 광범위하게 연 직접적 도화선이 되었다. 제2차 세계대전 이후 자본주의권과 공산주의권 간 이념적 대결인 동서 냉전이 격화되었다가 1970년대에 서서히 풀려서는 1980년대 말

과거 공산주의(사회주의)권이 이른바 개혁과 개방으로 자본주의를 수용하는 것으로 이념이 약화되는 냉전 완화 내지 동서 협력의 시대가 열린 것이다. 다시 말해, 이제 반자본주의anticapitalism 이념이나 체제보다는 사람들이 정신적으로 더욱 자유로울 것 같으며 물질적으로 더욱 풍요로울 것 같은 자본주의를 현실로 수용해서는 발전을 기약하자는 조류가 세계를 지배하고 있다.

그렇다면, 자본주의적 민주주의, 즉 민주주의란 도대체 무엇인가? 민주주의democracy라는 용어는 그리스어 demos(사람)와 kratos(지배)에서 온 만큼, 그것은 '사람들의 지배'를 의미한다. 민주주의는 사람들이 "누가 권력자가 될 것인가"를 결정하는 선거에 의해 등장하는 정부의 지배이다. 그런데 이러한 민주주의, 곧 '사람들의 지배'에 사람마다 모두 다른 의미를 부여한다. 고대 그리스 철학자 플라톤에게 그것은 폭도의 지배였다. 오늘날 어떤 사람들에게 민주주의는 자본주의를 의미할 수 있으며, 또한 다른 사람들에게는 사회주의를 의미하기도 한다.

19세기 이전 서구에서는 아무도 민주주의를 바람직한 것으로 여기지 않았다. 그러나 오늘날에는 상대적으로 아주 적은 사람들만이 민주주의에 반하는 정부를 지지한다. 오늘날 자본주의적 민주주의에 살고 있는 대부분의 사람들은 자신들이 사회주의를 지향하고 있지 않은 것으로 착각한다는 점에서, 자본주의를 사회주의와 '상충되는' 개념으로 생각하는 자본주의자들이다. (그러나 사회주의자들은 자본주의는 혁명으로 사회주의로 가게 되어 있는 과도기 체제로 본다. 따라서, 사회주의자들에게 최대의 과제는 국민들이 적어도 자본주의에 '정신적으로' 매몰되어 있는 상태를 벗어나게 하는 것이다.)

제도 언론의 좌우파 구분은 허구

한국만이 아니라 세계의 제도 언론들은 자본주의 정치인들을 두 파로 갈라 편의상 좌파(진보파)와 우파(보수파)로 구분한다. 이런 언론들의 좌우 흑백논리라는 편협한 선전에 속아, 정치인들에서부터 일반 대중들까지 모두, 한국에는 '그들의' 좌파와 우파만 존재하는 것으로 믿는다. 최근 대통령직인수위원회에서도 그런 좌우 흑백논리를 내세우고 있다. 이들이 지난 1월 25일 선진화를 위한 법령정비태스트포스를 만들면서 했던 말이 "지난 10년간 좌파 성향 및 반기업 성향에 따라 만들어진 법률과 시행령을 이번 기회에 바로 잡아야 한다는 당 쪽의 건의가 있었고 이 당선인이 이를 수용했다"는 것이다. 현재 한국에서 좌우 정파는 기본적으로 자본주의자capitalists들이다. 여기서 자본주의자란 자본가 계급만이 아니라 자본주의를 지배적 사상으로 믿는 사람들까지 가리킨다. 이들 자본주의자들은 주로 양파 아니면 다수파로 나뉘어 권력 획득을 위해 기본적으로 경쟁적 관계에 있지만, 어떤 때는 마치 적대적 관계인 양 그들 간 협상이나 담판에는 대결적 수사修辭, 곧 상대방이 자본주의를 부정한다는 식의 허언이 동원되기도 한다.

자본주의사회에서의 '기본적' 대결 구도는 자본주의 대 사회주의이지, 자본주의자들이 그들 간 양당 체제의 경쟁 구도를 위해 편의적이며 의도적으로 만든 그런 '좌파'와 '우파'가 아니다. 자본주의자 혹은 자유주의자들은 모두가 우파이며 보수파이다.

그래서 우리가 특히 보수 언론에게 충고하고 싶은 것은 좌파와 우파 또는 진보파와 보수파라는 용어를 역사에 맞게 합리적으로 쓰라는 것이다. 다만, 현재 한국의 자본주의자들의 경쟁적 입장이나 관점을 굳이 구분하고자 한다면, 지금의 보수 좌파는 '개혁파'라고 부르고 보수 우파는 '수구파'라고 부르면 될 것이다.

자본주의자들이 서로들끼리 좌파와 우파로 가르는 기준은 바로 정부와 기업의 관계, 공공과 민간의 관계에서 "어느 쪽의 역할을 강화할 것인가"에 관한 입장에 있다. 보수 좌파, 즉 개혁파는 정부에 의한 시장 개입이 수구파에 비해 크고 넓은 영역에 이르러야 한다고 주장한다.

개혁파, 특히 서구에서는 사회민주주의social democracy, 예컨대 프랑스의 사회당, 독일의 사회민주당 등은 정부에 의한 시장과 기업에 대한 규제를 수구파에 비해 강화해 왔다. 지난번 프랑스의 사회당이 대통령 선거에서 대중운동연합UMP의 사르코지에게 진 것은 그가 정리해고의 자유, 노동시간의 연장 등 미국식 자유민주주의 정책을 들고 나왔던 때문이라 생각한다. 영국의 집권 노동당의 토니 블레어가 '제3의 길'을 인용하여 일찍이 자유민주적 정부로 선회한 이래, 곧 프랑스에서도 신자유주의 정책이 승리를 거두게 된 것이다. 이제 유럽에서 사회민주적 전통은 자유민주주의에 의해 교살당했다.

이에 반해 수구파 주장의 핵심은 공공의 영역을 줄여 민간의 영역을 넓히자는 데 있다.

이런 구분을 한국에 적용하자면, 특히 재벌 기업에 대한 규제가 필요하다며 출자총액제한제도를 존치하고 있었던 노무현 정부는 개혁파인데 반해, 이 규제를 철폐하고자 하는 이명박 정부는 수구파이다.

민주주의는 모든 사람들을 만족시킬 수 있는 어떤 정확한 방법으로 정의될 수 없다. 그러나 우리는 민주주의에 포함되어 있는 어떤 개념이나 견해를 명백히 해야 한다.

우리는 정부의 형태로서의 민주주의와 경제적 및 사회적 관계에 관한 이론으로서의 민주주의(사회주의의 기초)부터 엄격히 구분해야 한다. 우리가 여기서 논하고자 하는 민주주의는 전자인 정치적 민주주의political democracy이며 민주주의 정부에 관한 것이다.

민주 정부가 되기 위한 제일의 조건은 한국이 지난해에 한 것처럼, 국민의 보통선거에 의해 국가 지도자를 선출하는 개인적 권리인 국민주권popular sovereignty이 갖추어지는 것이다. 이는 곧 어떤 왕이나 어떤 사회적 정예elite나 심지어 어떤 계급class이 아닌 국민들 모두가 궁극적으로 주권자이어야 함을 의미한다. 정치적 민주주의는 개인적 자유를 민주주의의 기초적 요소로 인정한다. 이런 기초에 의거하여 국민주권은 결과적으로 다수결 지배를 의미한다.

그렇지만 민주주의는 다수결 지배 논리 이상의 것인데, 소수자의 권리를 존경하고 보호하는 원리를 담아야 한다는 것이다.

자본주의의 이념은 자유민주주의

우리는 여기서 이명박은 정치적 민주주의 이념을 가지고 있지만 수구적 성향인 것으로 평가했다. 여기에서 우리는 서구에서 이 념들이 어떻게 진전되어 왔는지를 살펴보자.

서양에서는 적어도 17세기 이후와 18세기 사이에 민주주의가 이념으로 등장했다. 19세기 이후부터는 사회주의와 공산주의 그리고 20세기에는 파시즘fascism이 각각 유력한 이념들로 등장했다. 이념들 각자는 가치 체계를 갖고 있는데, 그에 따라 사회를 다른 형태로 조직한다. 이처럼 사회를 이념으로 조직하는 원리는, 인류가 생각하는 것으로 여기는 공동선을 더욱 확장하는 데 그 목적을 두고 있다. 그러나 어떤 이념이든 그것이 달성코자 하는 공동선은 일반 대중들에게 현실에서 쉽고도 편하게 다가갈 수 없는 한계를 가지고 있다. 그리하여 이념의 급진적이며 완전한 실현을 대체로 부정하는 견해가 학계에서는 지배적이다.

그래서 이념가들이 추구하는 그런 '이상적' 세계는 국민들 대다수가 살아가고 있는 '현실적' 세계에서 다수결 원리가 지배하는 형식적 선거 제도로 달성되기가 상당히 어렵다. 그러나 지금 세계는 자본주의의 자유 시장 원리에 편승한 민주주의 특히, 자유민주주의가 세계화globalization되고 있으며, 이른바 그것은 '글로벌 스탠더드'(세계 기준)로 표현되고 있다. 자유민주주의가 적어도 선진 국가들에서 지배적인 이념으로 대체로 실현되고 있다고 보는 것이 다수 사회과학자들의 결론이다. 자유민주주의는 현실의 민주주의 가운데 가장 자유로운 체제로서, 즉 민간이 주도하는 자본주의에서 민간의 자유로운 활동 영역을 확대하는 한편 정부의 기능을 가급적 축소코자 하는 체제이다.

민주 선거는 80% 이상의 투표율이 이상적

일반 국민들이 예컨대 민주주의라는 이념에 대해 갖는 태도는 다양하다. 국민들은 '이념이란 무엇인가'에 대해 앞에서 제시한 바와 같은 과학적 진단을 통상 접하기 어렵다. 그래서 한국 국민들은 예컨대 김영삼 정권 이후 한국 사회는 계속 민주주의 사회로 발전해 갈 것으로 '그냥' 믿는다. 그러나 한국은 아직까지도 특히 사회적 측면에서 민주주의가 추구하는 이상에 여전히 부족하다.

민주주의에 철저한 이념가라면 이번 이명박 당선인이 선출된 대통령 선거가 투표율이 63%인 점에서 완벽한 민주 선거라고 보지 않는다. 이들은 투표율이 90%는 되어야지 민주 원리에 적합하다고 본다. 일반적인 국민들이 볼 때 그것이 너무 가혹한 요구라는 점을 고려한다면, 적어도 다수결 원리인 형식적 내지 절차적 민주주의에서 투표율은 90% 이하라 해도 80% 이상은 되어야 할 것이다.

이런 판단은 국민들이 군사독재 반대와 민주 정부 수립이라는 염원에 어느 정도의 반응, 곧 투표율을 보였는가라는 '역사적' 사실에 의거하여 내린 것이다. 이런 역사는 아래의 〈표1〉에서 알 수 있다. 국민이 밑으로부터 직접 대통령을 선출하는 대통령직선제가 1987년의 시민 항쟁, 즉 자본주의적 민주주의 수립을 위한 항쟁으로 쟁취된 이후인 13대에서 17대 대통령 선거의 투표율을 보면 80% 이상이 적정한 투표율이다. 이번의 2007년 제17대 대통령 선거에서와 같이 유권자 10명 가운데 6명 정도 투표했다는 것은 아직도 우리 사회는 민주주의의 실현을 위해 교육 — 기권에

대한 사회적 비판과 처벌 문제도 포함한다 ── 은 물론이고 민주
주의가 문화로 승격되는 일에 더욱 노력해야 된다는 것을 의미한
다.

대통령 당선인 (정당명)	투표율(%)	득표수(명)	득표율(%)
노태우 (민정당)	83.2	8,282,738	36.6
김영삼 (민자당)	81.9	9,977,332	42.0
김대중 (국민회의)	80.7	10,326,275	40.3
노무현 (새천년민주당)	70.8	12,014,277	48.9
이명박 (한나라당)	63.0	11,492,389	48.7

〈표1〉 역대 대통령 당선인 득표 현황

민주주의는 인권 보장에서부터 시작

민주주의는 물론 이런 정치적 민주주의, 즉 국가의 권력을 국민
들이 투표에 의해 다수결 원리에 의거하여 선출하는 민주적 제도
에만 그치지 않는다. 이러한 형식적이며 절차적 의미의 민주주의
외에 진정한 실질적 의미의 민주주의가 있다.

형식적 민주제도를 떠받치는 주권자인 개인의 권리를 보장하는
것이 바로 실질적 민주주의이다. 헌법에 보장된 신앙, 학문, 언론,
출판, 집회, 결사 등 인권human rights을 국가가 보호하고 존중하는
것이야말로 진정한 민주주의이다. 그래서 오늘날 참된 민주국가
란 "국민의 대표가 선거에 의해 선출되는 국가"라기보다는 "주권
자인 개인의 기본적 권리를 보장하는 국가"이다.

2001년 9·11 사태 이후 미국은 국민들의 기본권에 제약을 가

할 수 있는 애국자법Patriot Act을 제정하였다. 그런 점에서 우리는 미국을 진정한 민주공화국으로 보지 않고 여전히 서구에서 발원한 민주주의를 '거칠게' 시범하고 있는 국가로 본다. 미국은 북한을 가리켜 '불량배 국가rogue state'라 했는데, 어떤 이들은 미국처럼 아직도 진정으로 성숙되지 못한 민주주의를 실천하고 있는 국가를 오히려 그렇게 부르기도 한다. 우리가 말하는 현대 민주주의 사회란 적어도 개인적 인권 보장과 사회적 선거제도가 온전하게 공존하는 사회이다. 그러나 이런 민주 사회는 어디까지나 자본주의 틀 내에 있는 민주주의임은 말할 것도 없다.

민주주의란 곧 개인의 인권을 보장하는 국가라고 정의내릴 때, 자본주의적 민주주의는 이상이지 결코 현실로 달성되기 어려운 사상이다. 어떤 국가가 인권을 현실로 보장하는 민주주의가 되기 위해선, 우선적으로 그 사회의 최저생계비를 기준으로 하는 생존권이 모든 국민에게 일률적으로 보장되어야 한다. 그래서 우리는 20세기 사회주의국가들이 경제성장을 다소 희생시켜서라도 개인들의 주거비, 의료비, 교육비 등 최저 필요를 무료로 제공했던 것이 인간의 생존권을 보장한 민주주의를 실천한 사례로 본다.

그런데 오늘날 신진국들은 일 년에 몇 만 달러 되는 평균 소득을 얻고 있는 것으로 집계되고 있으나, 소득의 개인 간 차이가 큰 것을 보면 인구의 일정한 비율은 자신의 생존권을 스스로 해결할 수 없는 빈민 상태에 처해 있음을 알 수 있다. 미국의 경우, 최근에는 10% 이상(2004년에는 12%에 육박했다)의 인구가 소득 기준으로 항상 빈민 계층인 것으로 집계되고 있다. 한국은 빈민의 비율이 20% 정도인 것으로 집계되고 있는데, 이는 경제적 이유로 사교

육이 전혀 불가능한 가계의 비율과 우연히도 일치하고 있다.(2008
년 2월 22일 문화방송 보도)

　그런데 자본주의사회에서 자신의 생존권을 보장받지 못하는 빈
민이 존재하게 되는 근본적인 이유는 도대체 무엇인가? 그것은 바
로 쉽게 이야기해, 자본가를 위시한 자산가 계급 이외에 인구의 절
대 다수를 차지하는 노동자들은 생산수단이 없어 고용되지 않고
는 자신의 생계비를 벌 수 없기 때문이다. 빈민은 곧 자본주의의
구조적 결함인 실업 때문에 발생한다. 또한 빈민은 준실업에 해당
되는 불완전 고용인 임시직, 비정규직 등 때문에도 발생한다. 실업
은 고용되지 않아 임금을 전혀 벌지 못하는 상태이며, 준실업은 고
용되어 있으나 생존권에 못 미치는 임금을 벌고 있는 상태이다.

　이처럼 자본주의사회에서는 모든 노동자들이 고용되는 완전고
용이 결코 실현될 수 없기 때문에 반드시 실업이 발생한다. 실업은
크게 미시적 및 거시적 이유로 발생한다. 어쨌든 이윤을 낳아야 하
는 자본은 고용을 통제하고 있어 일정한 노동력만을 채용코자 한
다. 이것이 실업의 미시적 이유이다. 다른 하나는 거시적 이유로
서, 사회에 독점자본이 많으면 많을수록 사회 전체의 생산성이 높
아져 사회가 더욱 적은 노동력을 고용하는 상황을 낳는다. 그래서
자본주의사회는 모든 국민이 자본으로 인해 항상 생존권 상실의
위기를 겪음은 물론이고, 이로 인해 인간성을 상실하게 되어 있는
비인권적 사회, 그래서 비인간적 사회를 창출하고 발전시킨다.

　그렇다면 국민이 인간답게 민주적으로 살려면 자본주의란 결코
채택할 수 없는 체제라는 것을 알 수 있다. 지난번 세계 자본주의
자들의 모임인 다보스포럼에서 빌게이츠 마이크로소프트 회장은

빈민 소외 계층을 돕는 '창의적 자본주의creative capitalism'를 주장했다. 자본주의가 전제되는 사회에서는 어떤 국가든 민주주의, 즉 인권을 기본적으로 보장할 수 없다. 그래서 자본주의사회에서 민주주의란 단지 정치적, 선거적 민주주의라는 형식적이고 제한적인 개념만 충족할 뿐이다. 그래서 결국 자본주의적 민주주의란 역사적으로 모순이며, 의식적으로 허구이고, 이것은 결국 자본주의사회를 정치적, 경제적으로 지배하는 사람들의 오랜 음모에 해당되는 관념이란 걸 깨닫게 된다.

향후 이명박 정부는 이 역사적 모순이며 의식적 허구이고 나아가 지배계급의 음모인 자본주의와 민주주의의 결합을 강조할 것이다. 이명박은 1996년 4월 제15대 국회의원으로 당선되었을 때 이미 258억원의 재산을 지녀 국회의원 가운데 여덟 번째 부자였다. 자신이 사실상 당수인 '부자귀족당'을 형성하기 위해 이명박이 추천한 장관들은 재산이 평균 39억 원인 전형적인 자본주의자들이지 결코 민주주의자들이 아니다. 평생 공익에 대한 관심과 노력 없이 오로지 자신의 사익만을 추구해 온 이들이 어찌 갑자기 공익인 민주주의, 즉 만인의 생존권 보장에 대해 책임 지는 것은 고사하고 도덕적 우려라도 느낄 수 있단 말인가?

제 2 장

미국 지향의 보수주의

이명박은 그의 전임자들과 마찬가지로 자본주의국가에서 대통령이 되었다. 그런 점에서 그는 자본주의를 옹호하고 자본주의의 발전을 위해 그에게 주어진 5년을 활용할 것이다. 2007년 기준으로 세계 제13위의 자본주의경제인 한국은 지난 1987년 이래 민주주의를 실현하기 위한 과정에 들어갔다. 지금까지 대통령 선거가 무사히 치러진 것으로 볼 때, 한국의 정치적 민주주의는 이제 역사의 시계를 거꾸로 돌리지 않는 한 취소할 수 없는 대세가 되었다.

이처럼 한국은 지금 자본주의적 민주주의를 '정치적으로' 시행하고 있다. 자본주의적 민주주의에서 그것의 최대 실현의 장소는 정치 영역이다. 경제 영역에서는 민주주의가 전혀 작동하지 않는데, 그것은 자본주의가 작동하는 코드인 자본capital 때문이다. 자본은 자본간 경쟁하는 시장에서는 물론이고 생산의 현장인 기업에서도, 그것이 목표로 하는 바인 이윤을 얻기 위해 자본가가 다른 사람들을 지배하고자 할 때 드러나는 속성인 독점과 통제를 행사한다. 자본주의적 민주주의는 결국 정치적 민주주의일 뿐, 경제적, 사회적 혹은 문화적 민주주의를 실현할 수 없다.

자유민주주의자 대량생산 체제

우리는 이러한 자본주의적 민주주의, 보다 정치학적으로 친근한 개념인 자유민주주의의 한계를 알았다. 그래서 한국 사회에서 대통령이 된 사람들은 서로 간 약간의 양적 차이가 있을 뿐 질적 차원에서 모두 자유민주주의자들이다. 이명박도 자유민주주의자이다. 오늘날 자유민주주의를 국가의 최고 이념으로 섬기고 있는 나라는 잘 아는 바와 같이 미국이다.

한국이 이처럼 자유민주주의자들을 무더기로 대량생산하는 정치경제체제가 된 것도 미국이 한국이란 국가를 탄생시키는 데 주도적 역할을 담당한 덕분이다.

미국이 한국과 현재와 같은 관계를 맺게 된 배경은 제2차 세계대전에서 전승국이 된 데 있다. 당시 전승국들인 미국, 영국 및 소련이 그들 간 마지막 세계 영토의 '나눠 먹기' 협상이었던 이른바 포츠담회담Potsdam Conference(1945년 7~8월)에서 약속한 대로, 일본과 1941년부터 벌였던 태평양전쟁에서 승리한 미국은 당시 일본이 합병한 한반도의 남쪽을 침략해 점령하였다.

미국은 1945년부터 근 3년간 지금의 이라크에서처럼, 한국에 군정을 실시하였다. 미국은 1948년 분단국가인 대한민국을 설립하기까지, 대외적으로는 소련과 민족 단일국가 협상을 담판하였으며, 대내적으로는 민족통일 세력 및 사회주의 세력과 투쟁을 벌였다. 미국은 자신들의 이념을 지키기 위해, 그리고 대한민국을 기필코 자신들의 보루로 만들기 위해, 대내외적 적대 세력의 영향을 줄이는 데 일단 성공하였다. 이처럼 한국에 미국식 자유민주주의를 심기까지, 미국은 한국동란(1950~53년)을 치루는 등 근 10년 가까운 시간과 비용을 들였다.

미국이 남한에 자유민주주의 정치 이념을 심기 위해 자본주의 경제에서 핵심인 자본의 형성을 도운 것은 크게 두 가지 경로였다. 하나는 일본인들의 국내 잔류 재산, 즉 귀속재산을 한국의 유력 자본가들에게 나누어준 것이며, 다른 하나는 무상 및 유상 원조를 통해 그들의 생산자본을 더욱 늘려 주는 것이었다. 이처럼 한국은 초대 대통령인 이승만의 독재 정권으로부터 '자유민주적' 권력이 형성되고 유지되면서, 지금은 제17대 대통령인 이명박 정권에 이르게 되었다.

이명박 자유민주 정권은 남한의 태생적 한계로부터 유래하는 바이면서 그 후 권력의 실천적 답습의 특징인 친미 보수주의 정부이다. 역대 한국의 정권들은 그리고 한국 국민들의 대다수는 지금까지 반미나 자주 입지를 제대로 세운 바가 없다 해도 과언이 아니다. 이것은 한국 사회가 그간 미국의 세력권에서, 그리고 미국이 후원하는 일본의 영향력 하에서 경제력을 키운 데 크게 연유한다.

한국이 오랜 기간 미국에 종속된 개발도상국에서 벗어나 1996년에 선진국들의 모임인 경제협력개발기구OECD에 미국과 동등한 자격으로 참여하고는 있지만, 사실상 미국의 정치적, 외교적, 군사적 영향은 물론 영어권 문화적 지배를 쉽게 벗어날 수가 없다. 이에 박정희 군사독재 정권 때부터 정통 좌파 운동은 한국 사회를 미국에 종속된 신식민지 국가이며 독점자본주의 사회monopoly capitalism라고 규정했다. 지금은 한국 사회가 민간 민주 정권으로서 미국과 한편으론 대등한 국제 관계를 맺고 있다는 점에서 어느 정도 자주 국가로서의 면모를 갖고 있다. 그러나 한국은 아직도 미국과 같이 자본주의 시장경제를 굳건히 지키는 정통 보수주의를 추구해야 할 가치인 것으로 신뢰하고 있다.

미국 정치 세력들의 다양한 분파

우리는 여기서 미국의 보수주의란 어떤 사상인가를 알아 볼 필요가 있다. 하지만 그에 앞서, 미국의 다양한 정치 세력들이 갖고 있는 사상이나 이념이 무엇인가를 알아 보기로 하겠다. 우리는 권력을 잡았을 경우에 각각 어느 정도의 권한을 행사할 것인가를 기준으로 정치 세력들을 비교할 것이다. 이것은 이 책의 마지막 절인 「정부 권한의 왜곡 심화」와 밀접한 관계를 갖고 있는 주제이다.

우리는 정부의 권한을 최소한으로 간주하여 가장 약한 권력을 추구하는 세력부터, 이와는 정반대로 정부의 권한을 최대한으로 확대하고자 하며 가장 강력한 권력을 추구하는 세력까지 열거할 수 있을 것이다. 미국의 정치 세력들을 이 순서대로 나열한다면 대체로, 무정부주의자, 자유방임주의자, 반동주의자, 보수주의자, 중도주의자, 자유주의자 및 급진주의자 등이 될 것이다. 이런 분류는 사실 세계의 정치경제학적 역사로부터 알 수 있는 것이지만, 여기에서는 다만 미국의 현실 정치로부터 그런 역사를 다시 굴절해 보는 것이다.

무정부주의자와 자유방임주의자는 국가권력의 최소한을 신뢰하는 정파들이다. 이들은 정부가 자연권적 차원에서 전혀 수용할 수 없는 방법으로 개인의 자유에 제한을 가한다고 주장한다.

무정부주의자anarchist는 전통적으로, 사유재산과 국가와 같은 사회제도들은 인간을 착취할 뿐만 아니라 타락시킨다고 주장해왔다. 그들은 이런 권위적 구조들이 사회에서 제거된다면 인간은 자유롭게 자신의 타고난 선善을 실현할 뿐만 아니라 모든 개인이 자유롭게 본능적인 공동생활을 영위하게 될 것이라고 믿고 있다.

한편 자유방임주의자libertarian는 개인들에게 무제한적인 절대적 자유를 허용할 것을 요구한다. 그들은 어떤 임의적인 권위를 싫어하며 능동적인 자유를 선호하며, 나아가 개인적 인격의 자유로운 표현을 옹호한다. 철학자인 로버트 노직Robert Nozick과 같은 자유방임주의자는 국가가 갖는 최소한의 역할로 다른 국가들의 침략에 대한 방어를 인정하는데, 그런 점에서 그는 무정부주의에 반대한다. 그러나 자유방임주의자들은 현대 국가들이 수행하는 많은 기능들이 개인의 자유를 해친다고 생각한다는 점에서 무정부주의자들과 생각이 일치한다.

정부에게 최소한의 권력을 요구하는 위의 두 정파들보다 조금 더 권력의 강화를 시도하는 정치 세력은 반동주의자reactionary라고 부를 수 있다. 우리가 이런 명칭을 붙인 것은 자유방임파와 보수파 사이에서 양자의 입장에 반대하는 정파이기 때문이다. 반동주의자는 국가의 역할을 최소한으로 보는 자유방임주의에 반대하지만, 이와 동시에 권력의 전면적인 도입이 필요하다는 보수주의에도 반대한다. 이들에게는 자유방임주의가 주장하는 최소한 권력보다는 큰 권한을 가진 정부가 필요하지만, 미국 정부의 현실을 보면 그 권한은 너무 크다는 입장도 보유하고 있다.

이들의 입장을 자동차 운전에 적용해 설명해 보겠다. 자유방임주의는 자동차 운전은 사람이면 누구나 추구하는 적극적인 선호인 만큼 누구에게나 자유롭게 허용되어야 한다는 입장에 해당할 것이다. 보수주의는 자동차 운전은 인간의 생명을 침탈할 수 있는 위험한 행위인 만큼 국가가 인정한 면허가 있어야 한다는 입장에 해당할 것이다. 반동주의자는 누구나 운전을 할 수 있는 적정한 연령이 되면 국가의 면허 없이도 가능한 것으로 보는 입장에 해당될 것이다.

정부 권력을 축소하려는 위의 무정부주의, 자유방임주의, 반동주의는 미국 정계에선 그리 넓게 퍼져 있는 정치 세력들이 아니다. 미국의 현실 정치에는, 권력의 필요성은 인정하지만 그 수준이 제한적인 것에 동의하는 정치 세력들이 번성하고 있다. 물론 그런 정치 세력들은 국가를 필요로 하는 정도와 그런 국가가 담당하는 역할에 있어 서로 약간의 차이를 보이고 있다.

보수주의자conservative는 국가가 반드시 필요하지만, 현재 국가가 맡고 있는 것보다 작은 역할을 선호하는 입장이다. 이에 비해 자유주의자liberal는 정부가 지금보다 더욱 큰 역할을 맡기를 선호한다. 한편, 중도주의moderate는 위의 양 정파의 중간쯤에 해당되는 입장으로서, 정부의 권력이 보수파와 자유파로 기울어지는 것에 예민한 반응을 보이는 세력이다. 중도주의는 미국 정치에서 독립주의자(무소속)independent 가운데 종종 발견된다. 현재 미국의 정치는 위의 세 가지 정파들이 주도하고 있다.

위에서 우리는 특히 자유주의와 보수주의 사이의 차이를 간단히 설명했지만, 양자 간 차이가 실제로 그렇게 명확하지는 않다. 우선 자유주의자는 언론의 자유나 신앙의 자유와 같이 순전히 개인적인 권리를 정부가 침해하는 것을 원하지 않는다. 그런 점에서 만약 정부가 자유주의에 기초했을 때에 그것의 역할은 제한되었다. (이런 정부의 역할은 지금 보수주의라 불리고 있다.) 그 후 시간이 흐르면서 자유주의는 정부와 연계되었는바, 이때 정부는 개인의 자유가 일정한 실제적 의미를 가지는 기본 틀을 수립코자 함으로써 정부의 역할을 증대시키는 쪽으로 자연 흐르게 되었다. 이와 마찬가지로 보수주의자들이 권력을 잡았을 때에도, 그들은 국가의 권력을 강화시키는 편에 서게 된다. 보수주의자들은 정부를 공중도덕을 사수하는 존재로 보기 때문이다. 그래서 보수주의는 정부가 도덕을 법률로 정함으로써 사람들에게 무엇이 옳고 그른가를 알리는 것이 적절하다고 느낀다.

1980년대 미국에 기독교연합Christian Coalition 소속(이에 관한 공화당 내 파벌은 곧 설명할 것이다) 정치조직들이 부상하면서 미국 국민들은 보수적 정책들이 강조되는 것을 보았다. 보수주의자들은 세금을 더욱 낮추었으며, 공공 및 민간 활동 양자에서 규제를 제거하거나 감축했고, 초등 및 중등교육에서 기초학력의 검증을 강화하였으며, 안정된 결혼과 부모들의 자녀 양육 등 가족의 가치를 강조하였다. 보수주의는 예컨대, 동성연애와 같은 성적 활동의 규제를 법률에 의거하여 제도화할 것을, 즉 그러한 규제를 정부의 권리로 할 것을 일반적으로 지지한다. 왜냐하면 보수주의자들은 정부가 사회의 도덕적 규범을 지켜야 한다고 보기 때문이다. 그렇

지만 자유주의자들은 개인의 사사로운 생활에 해당되는 성적 활
동을 정부가 통제하는 것에 대해서는 일반적으로 반대한다. 이처
럼 개인적, 도덕적 과제들에 관해 보수주의자들은 정부의 권한을
확대시키려는 데 반해, 자유주의자들은 정부의 권한을 오히려 약
화시키는 입장에 서게 된다. 그런 점에서 종래 보편적으로 수용되
는, 권력의 약화를 주장하는 보수주의와 권력의 강화를 주장하는
자유주의라는 구별이 무너지는 것이다.

　미국의 마지막 정치 세력으로는 급진주의자radical가 존재한다.
급진주의는 여기에서 국가의 권력을 가장 최대화하는 정파로 분
류되어 있다. 그러나 급진주의자들은 현존하는 정부를 다른 유형
의 권력으로 변화하는 것을 지향하는 정파이다. 그런 점에서 그들
은 정부의 권한이 현재보다 커지거나 작아지는 것과 반드시 관계
가 있는 것은 아니다. 미국의 사회과학자들은 이런 급진적 정파들
을 국민들의 지지를 거의 받지 못하는 미미한 세력으로 평가하면
서, 파시스트, 공산주의자 등을 급진 세력에 포괄시키고 있다. 파
시스트를 제외한 급진주의자들은 사회의 점진적 변화를 싫어한다
는 점에서 혁명적 변화를 갈구하는 사람들이다. 급진주의자는 오
늘날 미국뿐만 아니라 한국에도 있으며 전세계적인 정치 세력으
로 존재해 있다. 이들이 갈구하는 변화는 적어도 반자본주의 정권
의 수립인데, 이런 정권은 자본주의의 대안으로 사회주의 및 공산
주의를 선호하게 된다. 그런 점에서 급진주의 세력은 계급적 의식
과 조직으로 무장하여 자본주의 권력에 도전하는 투쟁만이 그 변
화를 가져올 유일한 방안이 될 것으로 진단한다.

보수주의는 전통적 가치 존중

우리는 지금까지 미국에 존재하는 다양한 정치 세력들과 그 가운데 보수주의자가 어떤 전통적 입지에 있는가를 살펴보았다. 이제 여기서 우리가 해야 할 일은 한국 사회의 미국 친화적 보수 성향이 21세기 현재 어떤 방향으로 진전하고 있는가를 규명하는 작업이다. 이를 알아보기 위해선, 먼저 미국의 보수주의자가 어떤 이념과 정책으로 무장하고 있는가를 살펴볼 필요가 있다.

먼저, 보수주의conservatism는 사회에 이미 정립된 제도들을 옹호하는 한편 급진적인 사회 변화에 비판적인 정치관이다. 보수주의가 처음 하나의 이념으로 등장하게 된 계기는 프랑스대혁명 시기였다. 당시 이를 창출한 대표적 사상가들은 18세기 영국의 에드먼드 버크와 프랑스의 죠셉 매스트르였다. 그들은 당시 프랑스에서 벌어지고 있는 혁명적 변화를 비판했는데, 그런 변화가 "우리 사회에 가치 있는 많은 것들을 파괴한다"고 봤다.

사회에 정립된 기존 가치관을 따르는 이런 보수적 주장은 혁명에 반대하는 반동적 보수주의로 흐르게 된다. 이런 맥락에서 출발한 보수주의는 그 후엔 주로 자유주의와 사회주의에 반대한다. 왜냐하면 보수주의자들은 인간성에 대해 비관적 견해를 갖고 있기 때문이다. 그들은, 개인들이 만약 권위가 파괴되어 모든 일이 자신들의 운명에 남겨졌을 때의 결과에 대해 두려워한다고 지적하면서, 사람들에게는 적어도 규율과 제약이 필요하다는 점을 강조한다.

보수주의자들은 전통이야말로 모든 시대에서 축적된 지혜를 구체화한 것으로 존중한다. 이에 따라 보수주의자들은 자칭 개혁자들이 선도하고자 하지만 아직 검증받지 않은 계획과 정책에 대해 회의적이다.

이처럼 자유주의자들이 주장하는 자유의 무절제한 확대를 경계하며 사회주의자들이 강조하는 사회의 혁명적 변혁을 반대하는 보수주의는 크게 네 가지 가치들을 자신들의 기본적 존립 기반으로 삼는다. 첫째, 국가의 권력이 독재자의 수중에 집중되지 않는 입헌 내지 합헌 정부를 선호한다. 둘째, 사회의 위계질서에서 사람들은 자신의 적절한 위치를 알고 있으며 그 자신보다 위에 있는 사람들을 존경한다. 셋째, 사람들을 사회의 조직에 통합시키는 방법으로 기존의 정립된 종교를 선호한다. 끝으로, 인간의 도덕적 가치를 수호하는 근간이며 책임 있는 시민들이 육성되는 곳인 가족을 옹호한다.

현대 보수주의는 자유주의와 결합

보수주의자들의 경제정책은 시대의 변화에 따라 달라졌다.

보수주의자들은 당초 자유주의자들에 의해 선호되었던 자유방임 정책들에 대립하는 보호주의 정책들을 지지하는 입장에 있었다.

그러나 20세기에 들어와서 그들은 점차적으로 자유 시장을 변호하게 되었는데, 이 자유 시장이 경제활동들을 조직하는 최선의 수단으로 여겨졌기 때문이다. 이것은 보수주의자와 고전적 자유주의자들(이들은 위에서 본 미국의 자유방임주의자들과 거의 같은 입장이다)의 신념이 통합되는 것을 의미하는데, 이런 통합은 특히 신우파New Right의 견해에서 찾아볼 수 있다. 이런 보수주의 성향의 정치인들은 유럽에서는 기독교민주당, 미국에선 공화당, 그리고 영국에선 보수당(토리당) 등 정당에서 발견된다. 한국에도 노무현 정권을 '좌파 정권'이라고 규정짓고는, 이에 반대하는 운동으로 신우파운동이 형성된 바 있다.

신우파운동은 미국에서 당초 1970년대와 1980년대 지식인 운동으로 발흥되었는데, 사회민주주의와 사회주의에 반대하는 우파의 기조를 다시 구축하는 것이었다. 신우파의 영향력은 미국과 영국에서 가장 컸다. 신우파 사상가들은 자유방임주의와 보수주의의 관념에 그들의 입장을 맞추지만, 양자들 간에는 어느 정도의 차이점들이 존재했다.

우선, 신우파의 자유주의적 특징은 자유 시장에 대한 방어에서, 그리고 정부의 역할이 과도하게 확장되어 지금은 축소될 필요가 있다는 신념에서 찾아볼 수 있다. 이것은 예컨대, 국가에 의해 소유되는 기업들과 산업들의 민영화, 통화주의자들의 정책들에 대한 선호, 의료와 노령의 문제를 복지국가로부터 사적 보험으로 전환하는 것 등을 의미했다.

신우파의 보수주의적 특징은 법과 질서의 강력한 수호에서, 그리고 가족 단위가 강화될 필요가 있다는 신념에서 잘 나타나고 있다. 사회의 위계적 질서와 합헌적 정부라는 근대적 시민사회civil society의 전통적 가치와 원리를 유지해 온 보수주의는 자유주의 사상과 결합함으로써, 신우파에 기울어 현대 시민사회의 기본적 원리를 완성하였다. 이 원리에 따르면, 현대사회의 시민(중산층)이란 가족과 종교(기독교)를 기초로 개인의 자유와 권리가 존중되는 사회에서 헌법에 따른 절차에 의거하여 국가를 선택하는 사람이다. 오늘날 미국은 양대 정당제가 자리 잡고 있는데, 공화당과 민주당 어느 정당이든 현대 시민사회에 복무하고 있는 자유민주적 보수정당이다.

미국 공화당 내 보수주의 정파들

우리는 이명박 정부가 어떤 보수주의(우파) 가치를 선호하고 있는가를 알아보기 위해, 잠깐 다른 나라의 보수주의 정파를 살펴보도록 하자. 여기에선 미국 하나쯤이면 충분한데, 그래서 미국 특히 공화당 내 보수 파벌들을 간단하게 볼 필요가 있다.

공화당에는 과거에 근본주의적 보수 정파들이 득세했다. 그런 정파들 가운데 대표적인 것이 반공주의를 표방하는 존버치협회 John Birch Society인데, 이 협회는 1950년대 소련과 냉전이 시작되면서 미국 사회에 공산주의자 색출 광풍인 매카시즘McCathyism을 일으킨 장본인인 상원 의원이던 조지프 매카시로 유명하다.

그는 소련과 중국에 대해 공감을 품고 있던 지식인, 언론인, 문화 예술인은 말할 것도 없고, 심지어 진보적이고 자유주의적인 공무원과 군인들을 상하원위원회에 출두시켜 심문을 가하고는 일부는 공산당 숙청red purge이라는 명분으로 공직에서 추방하기도 하였다.

미국 사회의 보수 회귀적 광풍으로 9·11 사태 이후 애국자법이 만들어져, 인권을 침해하는 사태, 예컨대 미국에 입국하는 외국인들에게 강제로 지문을 채취하는 사태가 벌어지고 있다. 이것은 UN이 반세기도 더 이전에 규정한 바 있는 세계인권선언의 내용의 하나인 인간의 이동의 자유를 근본적으로 침해하는 조항이다. 매카시즘은 비이성적 정치 선동으로서, 이후 소련과의 불필요한 극한 대립과 무한 군비경쟁으로 치닫는 동서 냉전의 시대를 사실상 미국이 열었다는 증좌이다.

미국 공화당의 반공 극우파 가운데에는 언론인들이 많다. 이 점은 한국의 『조선일보』, 『중앙일보』, 『동아일보』 등이 왜 한편으로는 보수 언론이며 다른 한편으로는 가끔 극우적 성향을 띠는지를 잘 이해할 수 있는 대목이다. 미국의 『타임Time』을 창설한 헨리 루스는 1930년대 일본의 만주와 중국 침략에 대항하여 당시 장개석의 국민당을 열렬히 지원했다. 이로 인해 그는 타이완 독립파인 이른바 차이나 로비파China lobbyists에 속했다. 특히 미국의 CNN 방송은 공화당 내 차이나 로비파인데 이들은 지금 세계적 언론으로 각광받고 있다.

이처럼 반공 보수 우익은 미국이란 존재를 극대화하려는 국가주의적 성향을 띤데 반해, 공화당 내에는 국가주의에 반하는 이른바 자유의지파(자유방임파)Libertarianism도 큰 세력을 유지하고 있어 당내 분파 간 사상의 균형을 유지해 오고 있다. 이들은 극단적 개인주의 사상을 갖고 있으며 인간의 사회성을 부정하고 있지만, 그들은 국가가 외국 문제에 간섭해서는 안 되며, 군비경쟁과 해외 군대 주둔은 물론 전쟁을 벌이는 일에 반대한다. 그들은 또한 국내 문제에서 정부는 국민으로부터 막대한 세금을 거두어 사회복지를 실시했지만 공무원 수만 늘리고 엄청난 재정 적자를 초래했다고

불평한다. 이런 자유의지파가 벌인 운동이 그 후 민주당의 신자유
주의운동과 맥을 같이하게 된다.

　미국의 공화당은 1980년대 전까지 동서 냉전 시대 때는 강경파
인 반공주의파와 온건파인 자유주의파 사이의 적절한 균형에 의
해 국가 정책을 만들어 왔다고 할 수 있다. 그러나 1980년대 공화
당의 로날드 레이건이 집권하면서부터, 민간에서는 종교 우파적
운동이, 공공에서는 군사 패권적 운동이 새로이 당내 유력 세력으
로 등장하게 된다. 특히 도덕적 다수파 운동으로 불리고 있는 종교
우파Religious Right는 자유주의자들이 주장한 동성애 보호와 여성
인권 신장에 정면으로 맞서, 반동성애 운동과 임신중절을 반대하
는 생명 존중 운동을 펴게 된다. 당시 임신중절 운동은 곳곳에서
폭력 사태로까지 번졌으며 임신중절에 대한 논쟁은 지금도 여전
히 미국의 국론을 둘로 가르고 있다. 종교우파의 강력한 사회운동
은 그리스도교방송네트워크로서, 이에 출연하고 있는 TV 전도사
들은 가정생활을 올바르게 영위하는 것을 강조하며 가족 가치를
맹신한다. 이런 방송이 기독교가 거의 국교나 다름없는 미국의 보
수적 중산계급에게 상당한 설득력을 갖고 있음은 말할 필요가 없
다.

　신보수주의자들의 대외 정책 장악

　공화당내 강경 보수 우파인 군사패권주의운동을 마지막으로 살
펴보자. 이 강경파는 미국의 9·11 테러를 빌미로 현 공화당 조지
W. 부시 정권이 아프가니스탄과 이라크에 전쟁을 일으키게 만든

네오콘Neocon이라고 불리는 신보수주의자들neo-conservatives이다. 이들의 정계 영향력은 사실상 공화당이 집권하게 된 1980년대 초 레이건 정권 때부터 시작되었지만, 이들의 최근 결집은 1997년 미국의 '새로운 세기를 위한 계획'에 체니 부통령, 럼스펠드 국방장관 등이 참여함으로써 이루어졌다. 네오콘은 미국 위주의 세계 질서를 추구하기 위해, 미국의 안보나 이익에 저해되는 나라는 UN이나 타국의 동의 없이 군사력을 사용해서라도 붕괴시켜야 한다는 입장이다. 이런 입장은 바로 강력한 군사력과 분명한 대외 정책으로 세계 유일의 초강대국인 미국의 패권을 수호하기 위한 것이다.

미국의 패권주의를 바탕으로 하는 보수 극우 세력인 네오콘은 부시가 악의 축axis of evil이라고 표현했던 이라크, 이란, 북한 등이 미국의 친구가 아닌 적이라는 이분법적 논리를 타국에 강요하는 과격한 사상을 가지고 있다. 신보수주의 사상의 원류는 시카고대학의 레오 스트라우스 교수이며, 그의 수제자인 앨럼 블룸 시카고대 교수는 1980년대 초 『미국 정신의 종말 The Closing of American Mind』이라는 저서를 통해 냉전 시대의 안보 개념을 확장했다. 이것은 당시 로날드 레이건 대통령에 영향을 미쳐 그 후 소련을 전방위로 압박하여 결국 그것을 붕괴시키는 요인으로 작용했다. 이어서 앨럼 블룸의 직계 제자인 프랜시스 후쿠야마 교수는 『역사의 종말 The End of History and the Last Man』(1992)에서 "공산주의의 실패야말로 자유민주주의를 대신하는 어떤 진보적 체제도 가능하지 않다"는 것을 보여 주었다고 갈파했다.

미국은 세계 유일의 초강대국 지위를 국방비로 증명한다.

2006~7년 기준으로 미국의 국방비 지출은 5,287억 달러로, 세계 전체의 46%를 차지하고 있다(스웨덴 국제평화연구소, 2007년 6월). 워싱턴 정가를 주름잡고 있는 로비스트의 80%가 군산복합체 military-industrial complex를 위해 일하고 있다. 이들은 1991년 소련 붕괴로 미소 냉전 시대가 종식되자 한때 사활의 기로에 서 있었지만 네오콘들의 영향력이 커지면서 다시 활기를 찾았다.

미국의 막강한 군사력을 바라는 네오콘과 군산복합체는 대테러전과 '악의 축' 국가들의 체제 붕괴라는 과제 아래 새로운 공생 관계를 구축하게 되었다. 그러나 이들은 대외 정책 노선에서 독자주의 또는 일방주의로 나가다 보니 공화당 내에서도 충돌 양상을 빚고 있으며, 이라크전이 장기화되면서 동맹국들의 철수가 이어지고 심지어 미군 철수가 의회에서 거론되는 등으로 인해 이들의 영향력은 점차 감소하고 있다.

이런 네오콘의 영향으로, 미국의 부시 대통령은 지난 2003년 3월 17일 '미국의 역사를 가르는 분수령'이 되는 이라크에 대한 선전포고를 천명했다. 이것이 이른바 '부시 독트린'으로서, 이것은 그동안 미국이 고수해 온 적대국의 도발 없이는 선제공격을 하지 않는다는 대외 정책의 틀을 완전히 바꿔 놓았다. 부시는 그날 상대방의 침공 없이도 선제공격을 하겠다고 공식화했으며, 미국은 유엔 안보리의 동의 없이 독자적으로 전쟁을 수행하겠다고 선언했다. 지난 60년간 미국은 세계대전, 한국동란, 베트남전, 걸프전 등을 거치면서 고립주의적 대외 정책을 펴 왔지만, 이제는 선제공격 정책을 국가의 제일 기조로 바꾸었다.

이런 미국의 대외 정책 변경으로 첫 희생양이 된 이라크는 무기력하게 정권의 붕괴는 물론 유일한 자산인 석유마저 송두리째 미국에게 빼앗기고 말았다. 미국은 당시 이라크 전쟁의 명분이었던 대량 살상 무기를 발견하지 못함으로써 주권국가를 무단으로 침략한 셈이 됐다. 현재 중동 지역에서 대량 살상 무기를 보유하고 있는 것으로 공개적으로 확인된 나라는 이스라엘뿐이며, 이들은 400개의 핵탄두와 화학무기를 가지고 있다. 네오콘은 친이스라엘 정책을 펴고 있으며, 그들의 영향력을 『월스트리트저널Wall Street Journal』이나 『워싱턴타임즈Washington Times』 같은 언론 매체를 통해 행사하고 있다.

이명박 정부, 보수 우익으로 흐를 가능성

이명박은 어떤 보수적 입장에 있는가? 우리는 이명박을 분명 세계의 다른 지도자들과 마찬가지로 자유민주적 보수주의자로 규정한다. 그가 자유민주주의를 신봉하는 것에 관해서는 이미 앞 장에서 설명했다. 그런데 이명박은 우리나라의 최근 민주화 역사에 관해, "87년 체제를 극복해야 한다"는 식의 발언을 한 바가 있다. 1987년이야말로 우리 사회가 군사독재를 겨우 끝내고 민주주의로 가는 연도이다. 이명박이 말하는 '체제 극복'이 당시 야당인 김영삼과 김대중 간 분열과 대립으로 인해 노태우가 어부지리를 얻어 다시 군사 체제가 연장되는 비극을 맞았던 실수를 반복하지 않겠다는 것이라면, 그의 말은 '당시에는' 아주 적절한 표현일 수 있다. 그렇지만 보수 세력들이 거의 절대적으로 지배하고 있는 한국의 정치 현실에서, '지금은' 서로 이전투구를 해야 하는 보수 양당

제가 구조적으로 천천히 자리를 잡아가고 있는 형편에, 1987년 노태우 당선과 같은 일은 벌어지기 어려울 것이다. 그래서 이명박의 '87체제 극복'이란 대통령 5년 단임제로 정하게 된 헌법에 문제가 있다며 개헌 논의를 재개코자 하는 데 목적이 있는 것으로 보인다. 우리는 개헌과 권력 구조(대통령제냐 내각제냐하는 문제)를 다시 논의할 수 있으나, 개헌이 모두 권력 경쟁의 희생양이 되어선 안 된다는 점을 차제에 밝힌다.

최근 이명박은 군심軍心 챙기기 안보 행군을 감행하고 있다. 그는 대통령 당선인으로서 정부 부처 가운데 가장 먼저 국방부를 방문했고, 이어서 한미연합사를 방문한 뒤 재향군인회의 신년 하례식에도 참석해 국방력 강화의 중요성을 역설했다.

대다수의 사람들이 그의 이런 안보 친화적 행태를 흔히 보수 우익으로 간주되는 군 장성들과의 권력적 친화를 위한 제스처로 본다면, 이명박 정권은 우리 국민들이 피와 땀을 흘려 거둔 민주화 여정에서 잠시 출현한 '사생아' 정권에 불과하다는 평가를 피할 수 없을 것이다. 민과 군의 사기를 구별하여 각각 북돋아 주어야 한다는 식의 생각이라면, 이는 민과 군의 괴리와 경쟁이라는 이원적인 위험한 사고방식이다. 최근의 정권들이 군을 다소 홀대한 것은 오랜 기간 군사독재 하에 있었던 것에 대한 반성에서 군을 민의 예하에 두는 민주적 전통을 실천하려 한 것이라는 점을 이명박은 헤아려야 할 것이다.

보수주의자들은 전통적 이념과 가치를 존중하기 때문에 사회의 급진적 변화를 싫어한다. 이런 점은 이명박이 쓴 『신화는 없다』에서 아주 명쾌하게 드러난다. 그는 이 책의 개정판 「서문」에서 세계

는 빠르게 재편되고 있다는 사실을 지적하면서, "북한 핵문제가
날로 위기를 가중시키는 가운데 …… 전통적 동맹 관계가 느슨해
지는 것이 안팎으로 우려를 낳고 있다"고 말한다. 이것은 바로 한
국에서 보수 세력의 입지전적 외교정책인 반북한 친미 관계를 염
두에 두고 보수적 국제 관계를 그대로 유지하고자 하는 뜻을 표현
하고 있는 것이다. 그러나 그간 한국의 경제력이 크게 향상되면서
정치적 민주주의가 진전되는 가운데, 북한이나 미국과의 관계는
더 이상 보수주의적 접근이 유지될 수 없다는 것이 지금까지 입증
되어 왔다. 보수주의자들 대다수가 동의하듯이, '경제력 향상 =
민주화 진전'이며, 나아가 이것은 '국가의 지위 변화 = 국제적 위
상 변화'를 초래한다. 그래서 향후 이명박의 보수적 대외 노선인
반북한 친미적 외교 관계는 변화할 수밖에 없을 것이다. 그래서 이
명박은 미국이 주도하는 세계 질서를 이용해 북한을 압박하여, 고
립에서 개방으로 유도할 것으로 충분히 짐작이 간다.

그리고 이명박은 이 「서문」에서 이렇게 말한다. "그동안 세상이
변했고 계속해서 변하고 있다. 더 빨리, 더 많이 그리고 더 크게.
그러나 겉모양이 변한다고 사람 사는 원리가 변하는 것은 아니다.
살아가는 모습, 일의 방식은 달라졌지만, 세상 돌아가는 이치와 시
람이 행할 바 도리는 예나 지금이나 마찬가지라는 말이다." 이것
은, 우리가 세상이 변화하고 있다는 걸 분명히 인식하고 전제하고
있더라도 그런 사회 변화를 따라 잡기 위해 우리들의 사고나 행태
를 변화시킬 필요가 없다는 것을 의미한다. 이것은 이명박의 가치
나 이념이 단순한 정통 보수주의를 넘어 그야말로 극우 보수주의
ultraconservatism에 가까운 우익으로 흐를 가능성을 배제할 수 없음

을 드러내는 표현이다.

여기에서 알 수 있듯이, 이명박은 우선 사회의 변화는 인정하지만 인간의 변화는 인정하지 않는다. 인간의 변화가 사회의 변화를 따라잡을 수 없을 만큼 느릴지는 모르나 결국은 사회의 변화에 부응한다는 것은 현대 인문·사회과학자들이 모두 인정한다. 이처럼 '사회의 변화는 인간의 변화를 유도한다'(또는 그 역도 성립한다)는 철칙에 반하는, '사회가 변해도 인종은 변하지 않으니 백인 우월을 끝까지 사수하자'는 미국의 극우파 인종주의자들인 KKK처럼 이명박은 만민의 자유와 평등에 반하는 극우적 성향으로 흐를 가능성이 있다.

이명박은 사회의 변화가 축적되어서 그것이 일시에 가히 혁명적으로 작용한다는 사실을 부정한다. 이것은 보수적 가치를 보유하는 누구나 ── 한국을 비롯해 세계의 모든 자본주의 시민들은 거의 모두가 ── 갖고 있는 보편적 사고방식이다. 이처럼 이명박은 자본주의가 마치 최상의 가치인 양 여기도록 국민들의 의식을 묶어 두려는 '인간 불변'의 보편론에 사로잡혀 있는 이른바 대중인기주의populism에 머무르고 있을 뿐이다. 이명박은 혁명적 변화는 아니더라도 사회 변화가 항상 일어나서 서서히 축적되어 가고 있다는 사실, 그리하여 결국에는 혁명적 변화가 닥친다는 사실, 오늘날 과학에서 일반적으로 동의하고 있는 진화론을 믿지 않는다. 문화나 사회의 변화에 관해 절대적 소수파인 혁명론은 물론이고 절대적 다수파인 진화론도 믿지 않는 이명박은 향후 5년 간 사회개혁적, 진보적 운동에게 그 좌초를 노리는 표적이 될 것이다. 그런 사회적 투쟁의 과정을 거침으로써 이명박은 결국 진화론에 따를 것으로 예측된다.

앞서 우리는 미국의 공화당이라는 보수정당 내 특히 우파들을 훑어보았다. 우리는 이명박이 미국 공화당 내 현재 가장 강력한 흐름이라 할 수 있는, 민간 영역의 우파인 종교우파나 공공 영역의 네오콘파에 가까운 정치적 이데올로기를 선보일 것으로 전망된다. 이렇게 예견하는 이유는 먼저 그가 독실한 기독교 신자이기 때문이다.

그는 소망교회의 장로로서 『신화는 없다』에서 아주 부지런한 주차 안내인이라는 기회를 준 하느님께 감사하고 있다(335쪽). 그런데 소망교회는 어떤 교회인가? 이 교회의 보수 우익적 뿌리를 분석해 보는 것도 바람직하겠지만, 글이 길어지기 때문에 한 가지만 짚고 넘어가자. 대한예수교장로회 소속인 소망교회와 영락교회 출신이 번갈아 가며 재단 이사장을 맡는 곳이 숭실대학교이다. 이 대학에서는 2000년에 당시 소망교회 출신의 이사장이 무능 총장을 연임시키려는 것에 반대하는 학원 민주화 운동이 교수, 학생, 직원의 단결 투쟁으로 번진 바 있다. 당시 교수협의회는 이사장인 소망교회 장로와의 면담을 요구했으나 그는 책임을 회피한 채 무성의하게 면담을 피한 바 있다. 소망교회는 이처럼 민주주의를 거부하는 독단적 우익 인사를 배출하여 숭실대학교를 근 1년이 넘게 빈사 상태에 빠지게 한 바 있다.

미국은 세계 제패를 위한 음모 공화국

사실 한국 사람들은 미국이란 나라에 대해 정말 모르고 있다.

미국의 수도나 통화는 잘 알고 있겠지만, 국토 면적이 950만㎢이고 인구는 2억9674만 명(2005년)이며 종교는 기독교 계통이 전체 인구의 84.7%이고 인종은 히스파닉계를 포함한 백인이 81.7%이라는 사실(*Dictionary of World History*, 옥스포드대학 출판부, 2006년, 661~662쪽) 등은 잘 알지 못한다. 미국 사회의 여론을 주도하는 것은 백인이며 앵글로 색슨족이고 기독교 신교층, 곧 WASP(White Anglo-Saxon Protestant)이다. 미국의 주류 역사라 할 수 있는 '좋은' 기록이야말로 다른 나라의 역사와 마찬가지로 '반쪽짜리' 문명사이고 문화사인 것이다. 미국은 그간 그들의 나쁜 역사, 예컨대 인디안의 부족 몰살, 노예의 무단 탄압 등을 많이 지워 왔지만, 양심적 지성인들의 이성과 도덕까지 잠재울 수는 없는 것이다.

노무현 대통령과 같은 한국인들은 미국의 역사에서 큰 획을 긋고 있는 링컨의 노예해방을 위대한 일로 평가하고 있다. 노무현이 대통령이 된 후 미국을 처음 공식적으로 방문했을 때, 노예해방과 관련하여 링컨 대통령을 위대한 인물로 극구 칭찬했던 일을 우리들은 기억한다. 이것은 물론 한국 교과서가 미국 전통의 역사 교과서를 있는 그대로 추종한 결과로 국민들, 그 가운데 노무현이 지닌 당연한 역사 인식일 것이다.

그런데 링컨의 노예해방 선언은 인류의 역사에서 선각적인 일도 아니었으며, 더구나 그것이 링컨 자신의 '진정한' 인간성에서 나온 일이라는 증거도 없기 때문에, 그것을 어떤 '개인적인' 위대한 행위라고 공식적으로 평가할 수는 없다.

인류의 역사에서 계몽된 서구 선진국들은 노예해방을 일찍이 프랑스대혁명 시기인 18세기 후반에 단행하였다. 미국이 1776년에 승리한 독립전쟁을 돕고 있었던 라파엣트는 미국에 보낸 편지에서 노예해방을 거론하였다. 그러나 미국은 서구의 노예해방 논의에 꿈적하지 않았으며, 겨우 미국 내전인 남북전쟁에서 북군을 대표하는 링컨 정부에 의해 1863년에 가서야 노예해방 명령이 선포되었던 것이다. 당시 최고사령관인 링컨이 그런 선포를 하게 된 것은 부분적으로, 북군의 대의에 국제적 지지를 얻기 위한 수단으로 기획된 것이었다. 그러나 그것은 헌법적 효력을 갖지 못해, 미국 의회는 전쟁이 끝난 후인 1865년에야 승인하여 헌법 13차 수정안으로 통과시켰다. 그 후 100년이 흘러, 이 기간 동안 인간다운 대우를 받지 못했던 미국에서 흑인들은 대대적인 인종차별에 항거하는 실력 행사에 들어갔다. 이에 연방 정부는 1957년에 시민법 Civil Rights Act을 제정하여, 연방 정부에게 실효성 있는 권한을 부여하여 흑인의 권리를 보호할 수 있게 하였다.

공화당 소속의 링컨은 당시 북부 산업자본가들의 적극적인 지지와 경제적 후원을 받고 있었다. 당시 미국은 박정희 정권 때의 한국과 마찬가지로 값싼 노동력이 필요했는바, 그 당시 그런 노동력의 원천은 바로 남부의 광활한 투지에 비인간적인 상태로 묶어 있었던 노예들이었다. 여기에 링컨이 부분적으로, 자신의 지지자들인 북부 자본가들의 탐욕을 위해 당리당략으로 노예를 해방시킨 것이다. 그가 진정 노예의 비인간적인 삶에 분노했기 때문에 노예를 해방하였다는 일반적 인식에 대해 의심하지 않을 수 없는 대목이다.

우리는 링컨에게 너무 많은 페이지를 할애할 필요 없이 역사를 훌쩍 뛰어넘어, 최근 미국의 세계적 지배를 보기로 하자.

　미국은 2007년 10월말 국내총생산이 14조 달러에 달하는 세계 제일의 경제 대국일 뿐만 아니라 거대한 산업·금융자본으로 세계를 지배하고 있음은 물론이고 외교력과 군사력도 세계 최고인 대국이다. 미국은 제1차 세계대전 이후 이주 노동력과 자원의 집중을 통해 세계 제일의 생산력으로 자리를 굳힌 후에, 제2차 대전의 승전 이후에는 세계를 제패하는 제일의 국가권력으로 발돋움했다. 미국을 세계 제일의 독과점 제국으로 만든 것은 지속적인 과학과 기술의 혁신과 달러를 기축통화로 유지해 온 금융자본주의 때문이었다. 여기에다, 그간 전쟁의 참화를 겪지 않아 경제적 기초가 파괴되지 않고 유지되었으며 사회적 안정도 그런대로 유지했던 것도 미국의 세계적 지배가 가능했던 중요한 이유이기도 했다.

　미국은 지난 세기까지는 전쟁이라는 인재人災를 입지 않았지만, 최근에는 환경오염으로 인한 재난이 서서히 미국 대륙을 침입하고 있다. 또한 지난 2001년 9·11 사태는 미국 역사상 최초로 본토가 유린된 테러 사건으로 기록되었다. 미국 국민들은 9·11의 충격으로 인해 90% 이상이 부시 행정부에 협력하는 네오콘 신문과 방송에 사주되어 테러와의 전쟁War on Terrorism에 동의했다. 미국은 9·11 사태에 대한 즉각적인 보복으로 아프가니스탄과의 전쟁에 돌입하고, 이어서 그 이듬해 이라크와의 전쟁을 선포함으로써 9·11 사태 희생자의 백 배가 넘는 수십만의 사람들을 살상하게 된다.

　9·11 사태는 미국 자신들이 일찍이 중동에 뿌린 폭력의 씨앗이 자라 자신들에게 다시 돌아온 피의 보복이었다. 제2차 세계대

전 이후 팔레스타인 지역에 유대인을 이주시켜 이스라엘을 건설한 이후, 미국은 중동 지역을 통할하는 소권력小權力으로 양성할 목적으로 이스라엘을 경제적, 군사적 종속국으로 만들었다. 미국의 정계와 재계에 깊이 영향을 미치고 있는 이스라엘 자본과 인사는 그런 음모의 핵심에 자리를 잡고 있다. 미국의 에너지 독점자본 등이 이 음모에 개입하여, 중동 지역의 아랍 민족들을 여러 국가들로 분리하여 통제하는 역할을 수행해 왔다. 이런 미국과 이스라엘이 중동 지역에 행사한 외교적, 폭력적 통제는 반세기가 넘게 지속되었다. 이에 중동 아랍인들의 자살 공격 등 무력 행사에 대한 객관적 평가가 필요하다. 이들의 무력 공격은 일반적 의미의 폭력적 테러라고 간주할 수 없으며, 이것은 서방의 이익, 특히 미국, 영국 및 이스라엘의 이익에 도전하거나 또는 그들의 아랍 점령을 방해하는 세력들이 아랍민들의 해방을 위해 투쟁하는 자구적 저항인 것이다. (미국의 이런 세계적 지배에 관한 음모를 고발한 홍미 있는 책으로 영국의 반전론자 David Icke가 쓴 *Tales from the Time Loop*, 2003년이 있다.)

제 3 장

신자유주의 노선의 심화

우리는 지금까지 이명박 당선인이 실천하고 있는 이념이 자유민주주의이며 이는 곧 친미 성향의 보수주의임을 확인하였다.

오늘날 초강대국인 미국의 정책을 기준으로 이야기하자면, 자유민주주의liberal democracy는 민간 위주의 자본주의 시장경제에서 정부의 역할을 가급적 줄여 기업의 자유를 늘리고자 하는 정치적 결정을 민주주의에 일임하는 정책 노선이다. 사회민주주의가 지배적이었던 서유럽 국가들을 위시해, 지난 20세기말부터 세계의 주요 국가들이 미국식 자유민주 체제를 선호하는 정치적 결정을 시작했다. 이러한 미국의 현대적 자유민주주의를 진보적 학계에서는 신자유주의neoliberalism 경향이라고 규정하고 있다. 여기서 우리는 자유주의란 어떤 정치관인지를 먼저 규명한 후에 신자유주의를 추구하는 정책에는 어떤 것들이 포함되는지를 살펴볼 필요가 있다.

신자유주의의 등장 배경

　우선 자유주의liberalism는 그야말로 사회에서 개인의 권리와 함께 개인의 자유를 보장하는 데 최고의 가치를 두는 정치관이다. 자유사상은 16~17세기에 일어났던 신교의 자유를 위한 투쟁에서 처음 형성되었다. 종교란 어디까지나 사적 사안이므로 국가가 특정한 종교를 개인에게 강제할 수 없다는 것이다. 이처럼 종교라는 특정한 사안과 관련되었던 자유에 대한 관념은 이후에 국가 그 자체를 제한적이며 법률에 따르는 것으로 보는 일반적인 관점으로 발전하게 되었다. 이에 국가가 자유를 제한할 수 있는 근거는, 존 로크 이후의 현대의 민주주의 정치사상에서 보는 것처럼, 개인이 자신의 자유에서 일탈하여 타인의 권리를 침해하는 것으로 설정되었다. 1800년경에 자유주의는 자유 시장 원리와 연계되었으며, 이는 곧 경제 영역에서 국가 역할의 위축을 초래하였다.

　그러나 자유주의적 관점에 따른 국가 위축의 경향은 19세기 말과 20세기에 와서 반전되었는데, 여기에 기여한 것이 사회 개혁과 복지 입법을 주장한 이른바 신자유주의New Liberalism이다. 당시에 이런 자유주의적 경향을 신자유주의라고 불렀던 이유는 국가의 역할 확대를 반대했던 고전적 자유주의Classical Liberalism와 비교하기 위해서였다. 당시 서방세계가 자유를 제한하고 국가의 역할을 증대시키게 된 배경은, 가히 '혁명의 시대'라고 불리었던 19세기에 노동자의 혁명운동이 서구 유럽을 휩쓸었고 이어서 20세기 초 1917년에는 마침내 러시아에서 사회주의혁명이 성공했다는 사실이다.

이러한 상황에서 자본주의 정권은 혁명 세력들을 물리적으로 저지하는 데 앞장 설 수밖에 없었으나, 결국은 그들의 반자본주의 anticapitalism에 굴복하여 사회민주주의의 수용과 함께 전면적인 복지 정책을 추구하게 되었다. 러시아혁명이 성공한 지 10여년 후인 1929년에 자본주의경제는 이른바 대공황Great Depression을 맞이해 자유 시장경제는 전면적인 붕괴 위기에 직면하게 되었다. 이에 등장한 존 메이너드 케인즈 등은 고용이 불완전한 시장에서 경제가 성장하기 위한 대책으로 적자재정 정책을 주장하였다. 이로써 자유주의는 국가정책 차원에서 후퇴하고 국가의 거시 경제 관리가 핵심 경제정책으로 채택되어 제2차 세계대전을 거쳐 1970년대까지 유지되었다.

그러나 1980년대에 들어서면서, 경제는 높은 실업률, 물가 상승, 경기 후퇴라는 전반적인 악조건에 직면하게 된다. 이에 케인즈주의, 사회민주주의, 복지국가 모델 등 이른바 과도한 국가 개입 정책에 대한 반성과 비판이 영국과 미국을 중심으로 등장한다. 이에 국가 개입의 축소와 시장경제의 강화를 통해 경제문제를 해결해야 한다는 주장과 이를 반영한 경제정책을 총칭해 '다시' 신자유주의neoliberalism라고 부르게 되었다. 이처럼 1980년대에 등장한 신자유주의 노선은 지난 세기 초에 자유주의의 후퇴를 가져왔던 '신자유주의'와는 정반대의 노선과 정책이다.

신자유주의 사상은 영국에서 1979년에 보수당의 대처 내각이 들어서고 미국에서 1981년에 레이건 행정부가 집권하면서부터 국가정책으로 추진되기에 이른다. 이때 등장한 자유주의의 새로운 정책들은 합리적이고 공정한 시장 질서를 수립하기 위해 독점자본에 대한 규제 등을 국가의 역할로 인정한다는 점에서 자유주의와 일정한 차이를 보이고 있다. 그러나 그것의 본질은 국가의 지나친 시장경제에의 간섭을 줄이고 자유로운 시장경제를 더욱 강화하는 방법으로 사회와 경제의 발전을 도모한다는 점에서는 분명히 자유주의이다.

신자유주의, 자유 시장 원리의 최대화

신자유주의가 새로이 정립하고자 하는 자유 시장 원리란 무엇인가? 신자유주의가 자체의 원형으로 여기는 자유 시장 원리에 대해 여러 가지 학설이 제기될 수 있지만, 우리는 크게 다섯 가지 원칙을 그것의 기본 원칙으로 상정코자 한다. 신자유주의는 적어도 아래의 다섯 가지 자유 시장 원칙들을 침해하거나 변경시켜 온 집단적, 사회적 가치인 형평, 분배, 복지, 정의 등의 과도한 적용을 완화시키고자 한다. 신자유주의자들은 그런 집단적 가치로 인해 훼손된 자유 시장 원리들을 가급적 원상회복하여 그것들을 최대화하는 정책들을 국가가 추진할 것을 주문한다.

자유 시장 원리를 구현하는 5대 기본 원칙들은 다음과 같다.

제1원칙: 법치의 원칙

이 법칙은 개인은 공정하고 보편적인 사회적 규범의 지배를 받는다는 점을 밝히고 있다. 사회의 일반인들 특히 중산층은 누구에게나 공정하고 보편적인 규범이 곧 실천적인 법률이 되는 점에 대해 누구도 반대하지 않는다. 그러나 국가는 특정 집단에게 이익을 가져다주는 입법을 실제로 시행한다. 그래서 이념적인 법치의 원칙과 실제적인 입법의 지배는 양립할 수 없다.

제2원칙: 작은 정부의 원칙

정부의 시장경제 개입을 반대했던 자유주의는 정부의 개입을 일단 인정하되 그것을 최소한으로 줄이고자 한다. 이런 원칙이 작은 정부small government이다. 자유주의자들이 염려하는 바는 정부의 기능과 규모가 커지게 되면 정부의 영향력에 비례해 조직이 비대해지고 운영에 필요한 자원의 양이 늘어나게 되는 것이다. 이런 거대 정부 하에서는 주인 의식이 낮고 책임 소재가 불분명함으로써 낭비와 비효율이 지배하게 되어 경제 발전에 부담을 초래한다. 그리고 이런 비대 정부 하에서는 정치적 논리를 앞세워 자신에게 우선적으로 자원을 배분해 달라는 사람들이나 집단들이 늘어나게 된다.

제3원칙: 자유기업의 원칙

자유기업의 원칙이란 제2원칙인 작은 정부의 원칙과 함께, 민간의 영역을 확대하고 공공의 영역을 축소하는 시장경제의 가장 중요한 원리이다. 누구나 자유롭게 사업할 수 있는 자유기업은 사유재산권과 교환의 자유라는 양대 원리를 본질로 한다. 사유재산권의 원리란 개인은 자신이 소유하거나 임차한 재산에 대해서는 어떤 권리든 전적으로 보장되어야 함을 의미한다. 이런 재산권에 대한 보장을 기초로 개인의 자발적인 분업과 개인들 간 자유로운 교환이 성립되기 때문이다. 그래서 사유재산권에 대한 원리와 교환의 자유에 대한 원리는 사회의 기초 조직인 시장경제를 뒷받침하는 여러 가지 제도 가운데 가장 중요한 것이다. 이 두 개의 원리들이야말로 자유를 구성하는 양대 기초인 개인적 행동과 사회적 상호 행동을 보장한다. 그리고 자유기업의 핵심은 기업 활동을 위해 계약에 참여하는 이해 당사자들 가운데 어느 누구에게도 특권적인 지위를 부여해서는 안 되고 계약 자유의 원칙이 평등하게 주어져야 한다는 점에 있다.

제4원칙: 경쟁의 원칙

경쟁이란 사람들이 이익 실현을 위해 열심히 그 욕구와 의지, 그리고 능력을 자극하는 조건을 만든다. 이를 위해 자유롭고 공정한 경합이 이루어지도록 사회적 의식과 제도가 뒷받침되어야 한다. 그래서 사회는 경쟁을 유도하기 위해 자신에게 이익이 생기면 움직이고 그렇지 않으면 움직이지 않는 인센티브 원리를 갖추고 있어야 한다. 경쟁에 의해 일한 만큼 그에 맞는 공정하고도 확실한 이익이 돌아오는 것이 보장되어야 한다.

제5원칙: 자기 책임의 원칙

이것은 자유주의의 마지막 원리인데, 누구든 스스로 선택하고 그 결과에 대해 스스로 책임을 져야 한다는 것이다. 자유로운 선택에 의한 행동도 그에 따른 개인적 책임이 뒤따라야 신중해진다.

현재 강화되고 있는 신자유주의 정책

자유주의는 시장경제 원리의 위의 다섯 가지 원칙인 법치, 작은 정부, 자유기업, 경쟁, 자기 책임의 원칙에 의거하여 시장이 운영될 것을 주장한다. 신자유주의의 사상이나 철학은 '근본적으로' 자유주의와 크게 차이가 없다. 자유주의가 자본주의의 성장과 변화에 일부 부응하지 못함으로써 파생시킨 반자유주의는 결국 러시아의 사회주의혁명을 비롯해 서유럽의 사회민주주의와 복지국가라는 개혁으로 진전하였음을 앞에서 지적한 바 있다.

1980년대 이후 국가정책으로 채택되는 신자유주의는 이전의 사회 개혁과 복지 정책으로 인해 줄어든 자유로운 시장 원리를 회복하여 그것을 더욱 강화하자는 입장이다. 이것이 바로 신자유주의의 핵심이자 그 정책의 목표라 할 수 있다. 그래서 신자유주의자들이 적극 찾고자 하는 것은 자유 시장경제의 5대 원칙들이 그간 어떻게 훼손되었는가이며, 이것보다 중요하게는 사람들의 현대적 의식의 변화와 사회적 및 문화적 태도의 변화에 맞추어 자유주의를 어떻게 새로이 변화시킬까이다. 우리는 자유주의의 새로운 변화인 신자유주의의 주요 정책들을 확인해 봄으로써 그에 대한 해답을 발견할 수 있을 것이다.

현재 미국을 중심으로 영국을 비롯한 서구 일부 국가들이 강력하게 추진하고 있는 신자유주의 정책들을 위에서 본 시장경제 원리와 비교해 보자. 제1원칙인 법치의 원칙과 제5원칙인 자기 책임 원칙은 자본주의가 다른 이념들로부터 도전 받지 않는 한, 누구나 당연시하는 자율적 원칙들인 점에서 이를 신자유주의가 변경할 필요성은 굳이 없었다. 이에 신자유주의는 다른 나머지 원칙들인 작은 정부의 원칙(공공 부문 원칙), 자유기업의 원칙(민간 부문 원

칙), 그리고 경쟁의 원칙(이것은 크게 볼 때 자본주의사회의 일반
적 원칙이지만 지금은 기업의 운영 원리로만 적용되고 있다)을 변
경시키고자 한다. 신자유주의의 주장을 간략하게 정리해 보면 대
체로 아래와 같다.

신자유주의의 공공 부문 원칙

정부 규제의 완화와 폐지

신자유주의는 경제에 대한 정부의 개입을 배제하거나 축소할
것을 주장하는데, 이는 곧장 정부의 규제 완화 및 폐지 정책으로
이어진다. 국민의 그간 의식의 성장으로 인해 굳이 규제하지 않아
도 자율에 의해 해결될 수 있는 경우, 또는 정부의 규제로는 해결
될 수 없는 것조차 억지 규제가 남발되고 있는 경우에 대해선 규제
를 해제하는 것이 당연하다는 것이다. 이런 전형적인 '과도 규제'
는 폐지되어야 한다는 것이다. 이처럼 사회의 발전에 적응하지 못
한 규제는 사회에 부패를 조장하고 창의적인 자율을 위축시키는
역기능을 낳는다고 한다.

공기업의 민영화 추진

신자유주의자들은 공기업에는 사기업에 비해 경쟁과 책임의 원
칙이 부재하다고 주장한다. 이로 인해 공기업은 자원의 낭비와 비
효율을 피할 수 없어 그에 대한 부실은 결국 국민경제의 부담이 됨
으로 결국은 민영화를 통해 해결해야 한다고 강조한다. 서구에서
는 제2차 세계대전 이후 케인즈주의의 영향 아래 국가의 시장경제

개입의 주요한 방식으로 국영기업들이 광범하게 등장했다. 그러나 1980년대 이후 경기 침체가 지속되자 공기업은 경제 활성화에 큰 부담으로 작용하게 되었다. 이에 영국의 대처 정부는 국민의 엄청난 반발에도 불구하고 과감한 민영화 조치를 단행했으며, 미국은 전력 생산을, 그리고 뉴질랜드는 우체국을 각각 민영화하였다.

작고 효율적인 정부 조직

서방세계와 개발도상국에는 배경의 차이는 있었지만 공통적으로 전후 한 세대 동안 정부 만능의 분위기가 사회를 지배하였다. 서방 선진국의 경우에는 1920~30년대에 국가에 의한 대공황의 수습과 연이은 세계대전으로 인해, 개발도상국의 경우에는 거의 대개가 독재 정권이었던 국가에 의한 경제개발계획으로 인해, 각각 국가의 성장과 만능이 지배적이었다. 이에 따라 정부 기구와 인력의 비대화라는 양적 문제는 물론, 사기업과는 비교되지 않을 관료주의적 양태에 따른 비효율이 심각하게 누적되었다. 거대 정부를 감당하기 위한 세수 증대가 생산 활동을 위축시켜, 공공 수요의 증대라는 긍정적인 효과보다 더 크게 경제에 부담을 주게 되었다. 이에 정부의 조직과 예산의 감축은 물론, 공공 업무의 민간 위탁과 인력 감축 등을 통해 영국은 공무원을 대체로 25% 감축했으며, 미국은 클린턴 행정부에서 약 30만 명이 넘는 연방 공무원을 감축하는 정부 개혁을 단행한 바 있다.

세금의 감축

작은 정부를 지향할 경우 세수의 감축이 따르게 될 것으로 예상하지만, 신자유주의 정책을 추구하는 국가들에서는 세수의 전체적 감소가 발생하지는 않는다. 이에 미국은 자유기업과 경쟁의 강화를 위해 개인 소득세와 법인세의 세율을 떨어뜨리는 정책을 클린턴 행정부에서 시행하였다. 이런 감세 조치로 소비와 투자를 진작하여 경제를 활성화하고자 했으나, 그 효과는 미국의 재정 적자는 물론 무역 적자까지 증대하자 제한될 수밖에 없다. 설사 어떤 세목의 세율을 낮춘다 하더라도 경제의 성장이 지속되고 다른 세원을 발굴하는 한 정부의 세수는 오히려 증가한다. 그래서 세금의 감축이란 정치 논리의 작용에 다분히 의존하는 신자유주의 정책이다.

신자유주의의 민간 부문 원칙

노동시장의 유연화

정부의 규제와 노동조합의 반대로 노동자들의 해고가 경직되어 있지만, 신자유주의는 그런 규제는 이제 유연화되어 기업이 해고나 고용을 보다 자유롭게 할 수 있어야 한다고 주장한다. 시장경제가 발달한 나라들에서는 새로운 일자리가 끊임없이 만들어져 재취업이 쉬워져, 노동시장의 유연화를 적극적으로 도입한 미국, 영국, 아일랜드 등은 오히려 실업률이 매우 큰 폭으로 줄었다는 것이 신자유주의의 주장이다. 그리고 노동자들의 복지는 궁극적으로 노동조합의 힘이 아니라 사회의 경제적 번영에 달려 있으며 그들의 고용은 노동시장에서 이루어지는 기업들의 경쟁적 구매에 의존한다는 것이 신자유주의의 주장이다. 결국 노동시장의 유연화에 반대하는 것은 대기업 정규직 노동자들의 기득권을 보호하는 것일 뿐 실업자와 비정규직 노동자들의 이익에 배치된다는 것이다. 노동시장이 경직되어 있으면 상대적으로 해고가 자유로운 비정규직 노동자들이 많이 양산될 수밖에 없다는 것이 그 이유라 한다.

자유롭고 공정한 경쟁의 보장

신자유주의는 시장에서의 자유경쟁을 강조함으로써 기업 간, 노동자 간 경쟁 체제를 더욱 강화하는 인센티브를 통해 열의와 창의성을 최대한 끌어내고자 한다. 기업 간 자유롭고 공정한 경쟁에 반하는 것이 독점이다. 그러나 독점기업에 대한 과도한 규제는 그것이 대기업인 경우 '규모의 경제'의 이점에 반하는 만큼, 일정한 시장 점유율에 대한 규제로 바꾸어 공정한 경쟁 체제로 유도해야 한다는 것이 신자유주의의 입장이다. 신자유주의는 노동자 간 경쟁을 위해 능력 중심의 분배 원칙인 연봉제의 채택이 필요하다고 주장한다. 종래의 학력, 근무 연수 등을 위주로 하는 연공 서열제보다는 자신의 노력에 의해 획득한 능력, 업적, 기술 등에 중점을 두고 임금을 지급한다는 점에서, 연봉제가 생산성과 경쟁력을 높이는 데 유리하다는 것이다.

과도한 복지 정책의 축소

신자유주의는 복지 정책의 과도화는 국가의 활력을 떨어뜨리고 국민 부담을 증가시켰다고 주장한다. 이들의 복지국가에 대한 비판은 크게 세 가지로 압축된다. 첫째, 세금의 과중한 부담과 기업

활동의 유연성을 제약하는 노동조건에 대한 규제로 인해 기업의
투자 유인을 감소시켰다. 둘째, 일정 수준의 생활이 실업 상태에서
도 보장되자 근로 의욕이 감소되어 노동력의 공급이 줄어들었다.
셋째, 국제적 수준에서 벌어지는 국가 단위의 경쟁에서 뒤처지게
된다.

그리하여 영국의 대처 정부는 사회복지의 보편적 제공을 선별
적 제공으로 전환하였고, 정부의 국민건강서비스NHS를 민간의 건
강보험제도로 대체하였으며, 공영주택의 민영화, 주택 보조금 삭
감 정책 등을 취했다. 미국도 레이건 정부 때 사회복지 비용의 감
축을 추진했다.

한국의 최근 정권들의 신자유주의 지향

우리는 서방 선진국, 특히 미국과 영국을 중심으로 전개되었던
신자유주의 정책들을 살펴보았다. 우리나라에서는 10년 전 김대
중 정부가 'IMF공황'(외환 위기)을 극복하기 위해 채택했던 민주
주의와 시장경제의 병행 발전이라는 목표를 실현하기 위한 실천
적 원리로 신자유주의를 채택하였다. 물론 김영삼 정부의 말기인
1996년 12월에는 이미 노동시장의 유연화를 위해 기업에게 정리
해고권을 주는 입법이 도입되었다. 이것은 당시 노동운동계의 총
파업 투쟁 등 강력한 반발에도 불구하고 1997년 초에 국회를 통과
하였다.

김대중의 '국민의 정부'는 신자유주의 정책을 도입하는 수순으
로 경제적 자유와 책임의 원칙을 강조하면서 시장 경쟁과 균등 기

회를 보장하는 원칙을 세웠다. 이런 신자유주의 원리 하에서 김대중 정부는 정부, 금융, 기업 및 노동의 이른바 4대부분 구조개혁을 단행하게 된다. 이 개혁의 방향은 작지만 봉사하는 효율적인 정부, 건실하고 경쟁력 있는 금융, 투명하고 강한 기업, 노사정이 함께 만드는 활력 넘치는 노동시장으로 설정하였다. 여기에다 김대중 정권은 국제금융시장을 위해 한국의 빗장을 푸는 개방경제 등을 추가해 사실상 국내 개혁과 대외 개방이란 총체적 경제 개혁 과제를 제시하였다.

김대중 정부 5년 동안의 신자유주의 정책들 가운데 공공 부문 정책에서 가장 뚜렷한 실적은 공기업의 민영화 정책이다. 김대중 정부는 '국민의 정부'라는 이름으로 포항제철, 한국통신, 한국담배인삼공사, 한국중공업 등 8개 공기업을 민영화하였다. 또한 한국전력, 가스공사, 지역난방공사 등이 부분적으로 민영화되었다. 나아가 김대중 정부가 민간 부문에 가한 신자유주의 철권은 재벌 우대, 노동자 박대였다. 전자는 출자총액제한제도를 잠시 폐지하는 것이었으며, 후자는 이미 도입되었던 정리해고제를 강제 집행하는 것이었다.

『MB노믹스』는 "10년 만에 다시 부르는 노래, 공기업 민영화"(85~94쪽)라며 이명박의 신자유주의 정책을 과장한다. 그러나 신자유주의 정책은 이미 15년 전 김영삼 정권 때부터 시작되었고, 이를 확실한 국가정책 비전으로 제시하고 실천한 것은 김대중 정권이다. 뒤를 이은 노무현 정부에서는 특정한 부문에 대해서만 신자유주의 정책이 계속 추진되었다가, 이명박 정권은 다시 김대중 정부의 신자유주의 정책을 한 단계 더 높여 전면 시행할 계획인 것이다.

이명박 정부, 전면적인 신자유주의 정책 추구

이명박 정부의 신자유주의 정책의 기조를 알아보기 전에 『MB노믹스』가 이명박 경제정책을 어떻게 보고 있는지를 알아보자. 이 책은 「머리말」에서부터 미국 자유주의 경제학자인 밀턴 프리드먼이 자유 시장경제 제일주의를 강조한 말을 인용한다. 그리고 『MB노믹스』는 10년간의 진보 정권이 보수 정권으로 180도로 바뀌면서 우리 사회가 크게 바뀔 텐데, 향후 5년간을 이명박 '대통령의 경제학'이 우리의 일상생활을 지배할 것이라고 예측한다. 『MB노믹스』가 내린 결론은 이명박이 시장주의자라는 것이다. 시장주의는 곧 자유주의이며 경쟁 제일주의이다.

그러나 『MB노믹스』는 이명박의 정책을, 복지와 평등도 신경 씀으로써 국가 개입과 가부장적 온정주의도 부활시키고 있기 때문에 수정 또는 보완된 자유주의라고 규정한다. 그리고 「머리말」에서는 이명박의 사회복지 정책을 패자부활전이라며, 이명박이 노숙자나 신용 불량자들을 다시 링(취업)위에 올리는 역할을 실천할 것으로 본다. 나아가 이명박은 자유 사회에서 정부가 맡은 기본적 철학이라며 불법 파업에 대해 법치주의를 바로 세우겠다고 공언하는데, 「머리말」은 이것이 친기업적이지만 그 근본적 뿌리는 자유라고 덧붙인다.

그러나 우리가 볼 때, 이명박의 경제정책은 '수정' 자유주의가 아니라 전형적인 영·미식 신자유주의 정책이다. 그는 출자총액제한제라는 규제를 완화할 것이며, 한국산업은행 등을 민영화할 것이다. 그는 여기에 그치지 않고 정부 조직을 18개부에서 13개부로 대폭 줄일 것이며, 법인세를 현행 25%에서 20%로 떨어뜨리며, 노동조합을 정비해 무노동 무임금제와 노동 유연화를 강화할 것이다. 또한 그는 세계 최고의 기업 환경을 조성하고 경영권 방어를 앞세워 경쟁을 강화하며, 노동 공급을 중시하는 사회복지 정책으로 선회할 것이다.

그런데 『MB노믹스』는 이명박의 경제정책이 결코 '신자유주의'가 아니라고 강변한다. 근거는 신자유주의(그들은 "친기업 · 친시장 정책"이라 부른다)를 모토로 하는 MB노믹스에는 반시장 정책도 포함되어 있다는 것이다. MB노믹스를 냉정한 신자유주의로 몰아붙이기에는 무리가 있다는 주장이다. 또한 MB노믹스에는 반시장적이라고 부를 만한 정책은 물론이고, 심지어 포퓰리즘 populism(원래는 인민주의를 의미했지만 지금은 대중 인기 추종주의 정도를 의미한다)이라 비난을 받아 마땅한 정책도 있을 정도라 한다. 그런 사례로 신혼부부에게 돌아가는 매년 12만 가구의 주택 우선공급제, 빈곤층에 대해 취업 시 가산점이나 할당을 주는 계층할당제, 비정규직에 대한 차별 대우 해소인 동일노동동일임금제, 신용 불량자에 대한 지원인 신용회복기금제의 도입 등을 든다. 『MB노믹스』는 이명박 정부가 시장에서의 경쟁만이 아니라 사회적 약자 계층에 수혜를 주는 정책들도 강조하고 있으므로 결코 (순수한) 신자유주의가 아니라고 강변한다(27~31쪽).

우선 우리가 『MB노믹스』 집필진에게 지적하고 싶은 것은 반시장 정책이 있는 이명박 철학이 신자유주의가 아니라는 그들의 주장이다. 이 집필진들은 반시장 정책이 있으면 무조건 신자유주의로 볼 수 없다는 입장을 갖고 있다. 이 집필진도 잘 알다시피, 이명박은 지금까지 어떻게 보면 '성공한' 정치인이다. 자본주의에서 성공한 정치인은 자신의 지배계급적 본질을 우선적으로 하여 자신과 같은 지배적 인사들을 끌어 모으는 한편, 이른바 국민 통합의 원리를 주조하여 피지배자의 이익도 '염려하는' 제스처를 잘 구사한 사람들이다.

자본주의적 불평등과 계급적 차별의 사회로부터 소외되어서 자신의 정당한 이익이 박탈당한 노동자들인 피지배계급은 인구의 절대 다수를 차지한다. 그래서 보수 정치인들은 자본주의적 이익 추구 의식밖에 없는 근로대중 —— 한국에서는 한국노총이 이들을 대표하고 있다 —— 을 자신의 지지자로 끌어들일 수 없는 한 이명박처럼 성공할 수는 없다. 그래서 MB노믹스는 친민중 계급의 그런 반시장적, 비경쟁적 이익을 신자유주의 정책의 조그만 비용으로 수용하여 자신의 공약에 포함시키는 것이다. 더군다나 한국 사회에서 빈민층과 저소득층은 전체 인구의 20%를 차지하고 있다. 안타깝게도 지난 대통령 선거에서 우리가 본 것처럼, 이들은 마치 이명박이 당선되면 곧 자신들이 '빈민의 늪'에서 해방되는 것인 양 착각을 가지고 있는 거의 무의식 내지 반무의식 상태에 있다.

그러나 우리는 알고 있다. 이명박 경제학은 곧 '가진 자'들을 위한 신자유주의 경제학이다. 사회적 약자 계층에 약속한 복지는 그냥 형식상 구호여서 실효성 없는 정책에 그칠 뿐이며, 그들은 향후 5년 간 다시 기대와 실망으로 날을 보낼 것으로 우리는 확신한다. 게다가 그의 공약집에는 우리 사회에서 또 다른 자본주의적 차별과 착취의 객체로 머물러 버린 동성애자, 성 전환자, 난치병 환자 등 사회적 '소수자'의 인간다운 권리의 보호와 삶의 보장에 대해 한마디의 발언도 없다. 그들은 결국 이명박의 당선에 공헌할 수 있는 빈민층처럼 다수자가 아니기 때문에 '차별'을 받은 것이며, 그들은 이명박 정부와 같은 보수 수구적 정권하에서는 영원히 사회의 소수자로 머물 것이다.

신자유주의는 미국의 불황 타개책일 뿐

신자유주의의 뿌리는 미국의 현실 정치경제적 운동으로부터 시작되었다. 민주당을 중심으로 한 미국의 자유주의는 원래 대내적으로는 복지 정책을, 대외적으로는 자유무역을 옹호했다. 그러나 복지 정책은 과도한 세금과 재정 적자를 가져왔으며 자유무역은 무역 적자를 초래해, 미국은 이른바 '쌍둥이 적자'에 시달려 왔다. 이에 1980년대 민주당으로부터 정권을 인수한 레이건 행정부의 공화당은 미국 경제를 회복시키기 위해서는 재정 적자의 타개가 우선이라는 것을 알았다. 이를 해결하기 위해 그들은 선심성 복지 정책에 반대하고 평등주의에 반대하는 신자유주의 정책을 최초로 도입했다. 레이거노믹스Reaganomics의 신자유주의 정책은 그 후 1990년대에 민주당의 클린턴 정부에 승계되었다. 신자유주의파의 다수가 과거 클린턴 정권의 핵심부에 포진하여 경비 삭감, 적자 감소, 감세 정책 등 공화당으로부터 많은 정책들을 흡수했다. 이로써 미국은 현재의 공화당 정권에 이르기까지 초당파 신자유주의 정책을 추진하게 되었다.

미국 신자유주의는 나아가 무역 적자를 해소하기 위한 정책도 추진했다. 클린턴 정권은 일본 등 동아시아 국가들에 대한 무역 적자를 국제적인 외교교섭 등 정치적 압력으로 줄여 보겠다는 이른바 산업정책론Industrial Policy을 실행하였다. 그러나 무역은 경제행위이기 때문에 국제경제학의 대상이지 국제정치의 대상이 될 수 없다. 산업정책론을 편 미국통상부대표USTR가 별 진전을 이루지 못하게 되자, 국제금융 부문을 쥐고 있는 미국 재무성이 전면에 나서게 되었다. 재무성은 일본과 동아시아의 금융 부문에 직접적 공격을 가하는 금융 봉쇄 전략을 취했으며, 이로 말미암아 일본과 동아시아는 금융 위기, 외환 위기에 시달리게 되었다. 한국도 미국의 금융 봉쇄로 인해 1997년에 외환 위기(IMF공황)를 겪은 경험이 있다. 이처럼 산업정책론은 수입품이나 외국 기업에 중과세를 매겨 보호무역에 가까운 정책을 폈으나 자유무역 기조를 바꾸는 것은 불가능한 것이었으며, 이로 인해 무역 적자를 해소하고자 하는

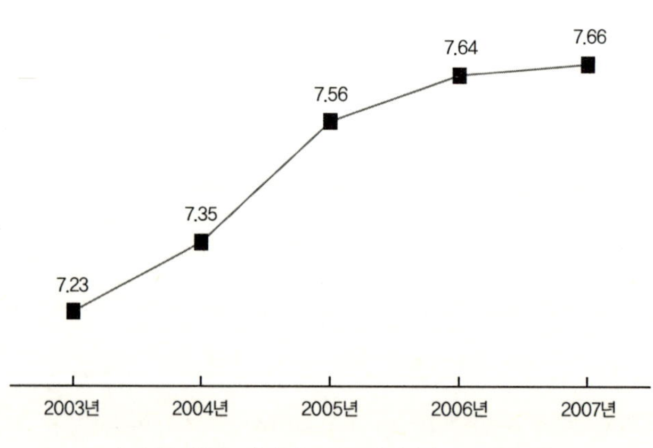

〈그림1〉 한국 가계의 소득 격차 (자료 : 통계청)

정책도 효과를 발휘하지 못했다.

　신자유주의 정책은 본질은 물론 의도가 미국 경제의 불황을 극복하고자 하는 정책일 뿐이기 때문에, 한국의 현실에서 이를 굳이 채택할 필요가 없는 정책이다. 다시 말해, 한국이 향후 비록 미국 지향 선진국이 되고자 하더라도, 지금 시기에 신자유주의 정책을 마치 한국 경제의 '구세주'인 양 대우해서는 안 된다. 지금 한국의 경제 현실은 적어도 미국처럼 쌍둥이 적자의 문제가 없거나 있더라도 심각하지 않기 때문이다. 오히려 한국의 경제는 자본주의자들의 입장에서 볼 때, 지금 사회 양극화라는 경제적 불평등이 최고의 문제이다. 〈그림1〉에서 보는 것처럼 소득5분위배율을 기준으로 한 소득 격차는 노무현 정권 5년 간 계속 벌어져 지난해에는 7.66이나 되었다. 이는 곧 우리사회의 경제적 불평등이 점점 심화되고 있음을 보여주는 것이다. (소득5분위배율이란 소득 상위 20% 가구의 평균 소득을 하위 20% 가구의 평균 소득으로 나눈 값이며, 이 배율이 높다는 것은 소득 격차가 크다는 것을 뜻한다.)

　지난해 전국 가구당 월 평균 소득은 전년보다 5.1% 늘어난 322만원으로 나타났으나, 물가 상승률을 감안한 실질소득은 308만원으로 2.5% 증가에 그쳤다. 그러나 세금은 12.5%, 건강보험 등 사회보험료는 9.4% 증가해 소득의 증가 속도를 훨씬 뛰어넘었다. 이처럼 세금과 사회보험료의 부담이 커지면서 국민들의 소비는 부진할 수밖에 없었다. 지난해 전국 가구의 월평균 소비 지출은 221만원으로 전년에 비해 4.3% 늘어나는 데 그쳤다. 소득이 5.1% 증가한 것에 소비의 증가가 미치지 못한 것이다. 한국 경제의 이런 소득 격차로 인해, 결국 경제성장이 이루어져 봤자 부자일수록 소득이 더 늘어나고 가난한 사람들은 덜 늘 수밖에 없다. 이는 결국 성장의 과실이 저소득층에게도 퍼져야 소득의 불균형이 완화될 수밖에 없다는 자본주의 경제의 한계를 그대로 드러내고 있다.

우선 정부의 분배 중심 정책도, 신자유주의적 복지 축소가 아니라 인간다운 최저 생계를 꾸릴 수 있도록 복지 제도를 개선한 후에 일을 할 수 있는 사람들을 우선적으로 취업시키는 정상적 복지 체계로 전환시켜야 한다. 그리고 경제성장의 과실이 저소득층에 퍼지게 하는 가장 효율적인 방식은 임금구조의 개선이다. 우선 이른바 최고경영자CEO의 거액 임금을 낮추고, 정규직의 임금을 상박하후上薄下厚로 인상하고, 비정규직을 정규직으로 전환하여 정상적 임금구조에 편입시키는 것이 그것이다. 청년 실업을 근절하기 위해 기업들이 신규 채용을 획기적으로 늘려야 할 뿐만 아니라, 고령화 사회로 접어든 현실을 감안하여 정년 연장이나 임금피크제의 부분적 도입이 필요할 것이다. 그러나 친기업적 신자유주의자인 이명박 정부가 복지 및 임금제도를 획기적으로 개선할 리는 만무할 것이다.

신자유주의는 결코 성공할 수 없다

신자유주의는 철학적이며 사상적인 측면에서도 많은 문제점을 지니고 있다. 신자유주의는 인간의 이성에 대한 신뢰가 부족하며, 사회의 질적 발전에 대한 뚜렷한 비전이 없는 것으로 비판받고 있다. 그리고 세계화globalization란 인류 연대성의 측면과 경제 효율성의 측면에서 각각 요구되는 것인데, 신자유주의는 후자만 강조하는 데 그치고 있으며 게다가 제대로 효과를 증명하고 있지도 않다. 특히 현 단계 인류 발전의 가장 중요한 관건인 후진국의 개발에 신자유주의적 정책이 그대로 적용되어도 좋을지를 입증하지 못하고 있다.

신자유주의가 결코 성공할 수 없다는 결론은 현재 진행 중인 현실운동으로부터 나온 것이다. 우리는 여기에서 『유로토피아』 제4호(2007년 5월)에 실린 유럽의 민영화에 대한 보고서를 인용코자 한다. 노르웨이와 독일은 공공서비스에 대한 민영화를 반대하여 이를 다시 시영화하였고, 스페인의 경우에는 참여예산제도가 민영화의 대안으로 채택되고 있다. 이 보고서는 유럽청원, 유럽사회포럼 등 민영화에 저항하는 유럽 차원의 운동을 소개하고 있다.

유럽은 지금 공공서비스를 민영화할 것인가 말 것인가의 거대한 소용돌이에 휘말려 있다. 한쪽에는 민영화를 적극 지지하는 볼케슈타인 명령Volkestein Directive이 있으며, 다른 쪽에는 이에 반대하는 각국의 자발적인 시민 연대, 노조 운동이 있다. 볼케슈타인 명령이란 유럽연합EU 내 서비스 시장 개정 법안을 말하는데, 유럽연합 전체 생산량의 절반과 전체 일자리의 3분의 2이상을 차지하는 서비스 시장을 자유화하여 경쟁 체제로 만들겠다는 것이 기본 목표이다. 이를 위해 유럽연합은 전화, 에너지, 철도, 물, 우편 서비스 등 특정 부문에 대해, 모든 회원국들이 공공 네트워크를 민간 운영자에게 개방하기 위한 규제 완화 일정표를 제출하라고 요구했다. 이 명령은 유럽 서비스산업의 완전 자유화를 목표로 유럽 통합 시장을 만들고 있다. 민영화와 자유화가 소비자의 욕구를 충족시키고, 공공 재정의 효율성을 증대시키며, 기업 · 전문가 · 노동자

들의 자유로운 이동을 용인하는 유럽 통합시장을 창조할 유일한
길이라고 믿는 것이다.

그러나 유럽의 시민들은 역사적으로 국가가 보장하고 보호했던
공공서비스가 민영화될 경우 가격이 오르는 반면 충분한 혜택을
누리지 못할 것을 우려한다. 결국 볼케슈타인 명령은 세금의 지출
방식에 대한 공공의 민주적 통제가 박탈될 위협을 내포하고 있다.
지금 유럽 전역에서 쉽게 볼 수 있는 민영화는 공공서비스에 대한
국가 독점이 끝난 후 이른바 효율적인 경쟁 시장이 실현되지 않아
사적 독점과 과점을 낳고 있다는 심각한 문제를 안고 있다. 이로
인해 민간 기업들이 거둔 막대한 이익은 겨우 법인세를 내는 정도
에 그쳐 공익으로 돌아가지 않고 있다. 정부는 계속해서 재원 부족
에 허덕여 적자 재정의 문제에 심각하게 부닥치고 있다.

우리는 유럽의 사례로부터 공공서비스의 자유화와 민영화란 곧
사적 독점화 및 과점화라는 결과에 의거하여 독점이윤을 낳는다
는 것을 보게 된다. 우리는 설사 독점이윤이 정부에 의해 규제될
수 있다 하더라도, 공공서비스의 자유화와 민영화는 원초적으로
민주 정부가 민간 자본의 노동자 및 시민에 대한 착취를 허용하는
것인 만큼, 인권의 고양으로 사회정의를 실현하는 것이 그 본연의
권한인 정부가 취해야 할 정책이라고 간주할 수 없다.

제 4 장

민간 주도의 성장 전략

한국은 자본주의 자유 시장을 경제체제로 삼고 있다. 우리는 자유 시장이 어떤 원칙으로 운영되는가를 앞 장에서 보았다. 한국은 적어도 김대중 정부부터 신자유주의 정책에 의거하여 자유 시장을 더욱 활성화하고자 했다는 것도 보았다.

한국의 경제 발전 역사를 간략하게 더듬어 보자.

후진국을 벗어나 개발도상국으로 진입했던 박정희 정권 때에는 관주도 성장 우선 정책이었다. 박정희 정권은 경제개발 5개년 계획에 따라 국가가 선도하여 기업 자본의 본원적 축적을 더욱 강화하여, 1960년대에는 경공업을 육성했으며 1970년대에는 중공업의 입지를 마련하였다.

이때 정부는 금융기관을 장악하여 산업자본을 육성시켰다. 민간 산업자본들은 철강, 조선, 자동차, 전자, 전기 등 중공업 부문에 주력하였다. 정부는 거의 무제한 금융을 지원함과 함께 저임금 장시간 노동을 비호하였고, 이에 중공업 주력 대기업들은 주로 타인의 자본으로 수십 개 계열 기업을 문어발식으로 보유하는 집단을 형성하였다. 한국 경제의 특징인 이른바 재벌 독점경제가 마침내 탄생한 것이다. 그런데 일부 재벌은 IMF 공황 때 정부의 자본 및 금융 구조조정에 의해 탈락하기도 했다. 그러나 독점재벌의 경제 지배는 지금도 마찬가지로 대대로 승계되고 있다. 이로 말미암아 한국 경제는 정부가 키운 재벌이 금융 산업과 실물 산업을 사실상 지배하고 있는 재벌 공화국이다. 그래서 한국은 독재 권력과 재벌 이란 독점자본이 쌍두마차로 사회를 지배하는 국가독점자본주의 state monopoly capitalism라는 명칭을 실질적으로 얻게 되었다.

한국 경제, 관 주도에서 민간 주도로 성장

1988년 노태우 정권이 마지막 군사독재 정권으로 전두환으로 부터 바통을 이어받았는데, 이때부터 정부 주도의 경제성장은 종 말을 고하게 된다. 노태우 정권은 김영삼 민간 권력으로 넘어가는 과도기 정부로서 선진 자본주의경제와 같이 민간이 주도하는 체 질에 아직 익숙하지 못했다. 그래서 노태우 정부는 대내 경제에 대 한 규제는 종래와 거의 다름없이 유지했다. 그리고 대외적으로는 사회주의권의 붕괴와 개방에 맞추어 소련과 중국으로 경제 실리 외교를 펼쳤다.

1993년에 김영삼이 노태우를 이어 정권을 승계해 최초의 민간 정권을 창출했다. 이때부터 재벌은 정부와 유리된 독자적인 경영 을 추구함으로써 민간 주도의 성장이 자리를 잡았으며, 이어 시장 경제의 활성화와 정부 규제의 완화 조치가 단행되었다.

1인당 국민소득이 1만 달러를 넘어섬으로써, 한국은 김영삼 정권 당시인 1996년 12월에 선진국들의 모임인 경제협력개발기구 OECD에 가입했다. 그러나 김영삼은 그해 말 재벌들의 요구로 신자유주의 정책인 노동시장 유연화 대책, 곧 정리해고제를 도입하여 노동계의 강력한 반발에 부딪히게 되었다. 한국은 1997년 3월 정리해고의 입법이 결정되고 난 뒤 동남아시아의 외환·금융 위기에 휩싸이게 되었다. 한국은 당시에 이미 3년 연속 무역 적자에 있었는데, 이로 인해 재벌의 일부를 비롯한 기업의 부도와 파산이 무더기로 일어나고 있었다. 이는 곧 금융기관의 부실을 초래하여, 외국 금융기관들의 달러 방어 대책으로 외환 조달이 어렵게 되었다. 이로 말미암아 한국 경제를 지배하고 있는 재벌 그룹의 연쇄 부도와 파산이 일어나면서 한국 경제는 총체적으로 뒷걸음하기 시작했다. 마침내 그해 12월, 한국 경제는 국제통화기금IMF 등으로부터 긴급 구제 외환을 지원받아 국가 부도를 겨우 벗어날 수 있었다. 이것이 이른바 1997년 말의 외환 위기인데, 그러나 우리는 사상 유례 없는 이 경제 위기를 'IMF 공황'이라고 부른다. (이는 김영규, 『IMF 공황 개혁과 개방』, 인하대출판부, 1998에서 자세히 볼 수 있다.) 이에 국민들이 김영삼 정부와 여당에 대한 신뢰를 거두어들임으로써, 최초로 야당인 김대중으로 정권이 교체되었다.

1998년에 'IMF경제관리체제'를 인수한 김대중 정부에게는, 사실상 독점 재벌이 주도하는 시장경제를 관 개입에 의거하여 선진국 자유 시장 체제로 급히 선회할 필요가 있었다. 여기에 김대중은 당시 30대 재벌 그룹 가운데 반수인 14개 그룹이 부도와 파산으로 무너진 상황에서 재벌 기업의 정상적·합리적 경영을 유도하기 위해 기업 부채 비율을 100~200%로 감소시키도록 유도했으며, 포항제철, 한국통신 등 8개 공기업의 민영화에 의해 조달한 자금 14조여 원 등을 부실기업을 구제하는 공적 자금으로 투입하였다. 이어서 그는 신자유주의 정책을 펴 '불필요한' 규제를 완화하였으며, 작은 정부 지향의 개혁을 추진하였으며, 기초생활보장으로 사회복지도 정비하였다.

그러나 김대중 정권이 단행하게 된 경제 정책은 개혁보다는 오히려 개방에 중점을 둔 것이었다. 김대중은 IMF와 미국 및 일본 등이 오랫동안 요구해 왔던 국내 금융시장 및 자본시장을 거의 전면적으로 개방하였다. 이로 인해 한국의 유명했던 금융기관의 명칭들이 모두 사라질 정도로 금융기관의 대외 매각 및 인수 합병 M&A이 일어났으며, 재벌 기업의 주요 자금원인 주식·채권 등 증권을 외국 자금들이 잠식하기 시작했다. 외국인들의 국내 증권시장 잠식이 시작된 지 올해로 10년이 되었다. 한국의 12월 결산 법인 가운데 255개사의 증권시장 배당금 총액은 2007년도에 10조 5700억원이었는데, 이 가운데 외국인 배당금 총액은 4조9400억원으로서 이는 전체의 46.7%를 차지하고 있다(『경향신문』, 2008년 2월 25일). 이것은 세계 금융자본의 위력을 한국에서 느낄 수 있는 수치이다.

노무현 정부, 민생 경제 과제 소홀

그렇다면 노무현 정권에서는 어떤 시장경제 정책들이 주류를 이루고 있었는가? 노무현은 그의 당초 정당도 깨어져 야당인 한나라당에 정권을 인계해야 하는 대통령이다. 그는 정권 연장을 못한 데 대해 자신이 속했던 보수 개혁 정파는 물론 국민에게 정치적이며 도덕적 책임을 져야 할 것이다.

보수 언론들은 대통령 선거가 끝난 후 지난 2개월 간 노무현 정부의 공과功課를 논하였다. 『MB노믹스』를 발간한 매일경제신문사(2008년 2월 22일)의 평가를 보면, 아래의 〈표2〉와 같다.

이 평가에 따르면 우선 건수에 있어서 공(8개)보다 과(12개)가 더 많다. 그리고 건수의 '비중'에 있어서도 우리가 볼 때 민주주의

분류	계승 · 발전시켜야 할 정책	폐기 · 개선되어야 할 정책	평가가 엇갈리는 정책
정치 행정	· 정경 유착 고리 약화 · 깨끗한 선거	· 품격 떨어지는 발언 (깜도 안된다, 대못질) · 코드 인사 (아마추어 386세대 대거 등용) · 큰정부 (공무원 수 6만6000명 증원)	· 당청 분리 (당에 의무만 지우고 권한 안 줌, 분양 원가 · 부동산 세제 파열음)
외교 안보	· 북핵6자회담 정착 · 남북정상회담 · 개성공단 활성화	· 한 · 미동맹 훼손, NLL 논란 등 국론 분열 · 피랍사태 등 외교력 부재 드러내	· 대북 포용 정책 (대북 식량 · 비료 등 4년간 1조2400억원 지원 속 북 미사일 · 핵실험)
경제	· 한 · 미FTA 체결, 하지만 비준에 소극적, 총평점 80점 (비준 지연시 연1% 이상 성장, 일자리 최고 12만개 창출 기회 잃음)	· 집값 폭등 (전국 땅값 5년간 23.7% 상승, YS정부 −6.24%, DJ정부 −1.14%) · 내수 위축, 국가 채무 174조 늘어	· 지역 균형 발전 (수도권 과밀화 해소 추진, 성과는 별로. 수도권 역차별 속 규제 철폐 안 됨. 중앙정부와 지방정부 간 갈등)
사회 문화	· 권위주의 청산 · 양성 평등 개선	· 청년 실업자 약 100만명 · 비정규직 근로자 570만명 · 시위와 떼법, 정서법 판쳐 · 로스쿨 배정 혼선 · 사교육비, 수능등급제 등 교육 문제 실패	
대언론		· 신문법 개악, 기자실 대못질 등 언론 통제	

자료 : 『매일경제신문』, 2008년 2월 22일

〈표2〉 노무현 정권의 공과 논쟁

의 발전, 대북 관계의 개선, 양성 평등 개선 등으로 공이 많지만, 큰 정부, 한미동맹 훼손, 청년 실업 등으로 과가 더욱 많은 것으로 매일경제신문사는 비판하고 있다. 이 언론은, 참여정부가 결국 '참여'에 실패한 정부라는 평을 듣고 말았는데 가장 이유는 노무현 정권의 언론 통제라고 한다.

우리는 노무현의 언론 통제는 언론 스스로 유발했을 가능성이 더욱 큰 것으로 본다. 지난 5년간의 일들을 시시콜콜 다 따질 수는 없겠지만, 지난 대통령 선거 한달 전쯤에 『중앙일보』에 실린 「DJ는 무엇이 겁나서 이렇게 안달인가」(2007년 11월 24일)라는 제목의 사설 하나만으로도 언론의 책임을 충분히 물을 수 있다. 이 사설은 전직 대통령들이 특정 후보에 대한 호불호의 발언을 자제해 줄 것을 당부하는 글이다.

이 사설은 크게 네 가지 차원에서 언론의 발언은 곧 언론의 '횡포'라는 사실을 우리로 하여금 깨닫게 하고 있다. 우선, 이 보수 언론을 가장 크게 분노시킨 DJ의 발언은 '보수 세력＝전쟁 세력' (이것은 이 언론의 해석이다)이라는 것이다. 사설은 "보수 정권이 전쟁을 일으킨 적이 없다"고 강변하지만 DJ의 말은 맞는 말이다. 미국이 그간 아랍에서 일으킨 두 개의 전쟁은 보수 정권인 공화당의 조지 W. 부시의 작품이다. 둘째, 이 사설은 "전쟁이 두려워 북한 핵을 용인하고 북한에 '조공'을 바치며 살기를 바라지도 않는다"고 언급했다. 이것은 정말로 '보수 세력＝분단 세력'임을 잘 드러내고 있다. 이야말로 DJ가 공들인 햇볕정책을 무위로 돌려 마침내는 남북 대치 나아가 한반도 전쟁상황도 '좋다'는 막가파식 발언이 아니고 무엇인가? 『중앙일보』도 잘 알다시피, DJ는 친미 보수주의자이기 때문에 결코 북한 핵을 용인할 사람이 아니다. 그리고 DJ는 노벨 평화상 수상자 아닌가? 셋째, 이 사설은 DJ의 "대선 개입은 선을 넘었다"고 평가하는데, 『중앙일보』도 알다시피 미국에는 종교 단체는 말할 것도 없고 언론기관들이 언론의 자유를 앞세워 특정 후보를 지지하고 있지 않은가! 그런 점에서, DJ가 비록 전직 대통령으로 다소 문제가 있다 하더라도, 일 개인으로서 자신의 양심에 따른 사상과 표현의 자유를 행사한 것을 두고 그렇게 비난하는 것은 이른바 공기公器라는 언론이 할 일이 아니다. 끝으로, 『중앙일보』 사설은 DJ가 "개인적인 '그 무엇'을 지키기 위해 팔 걷고 나섰다고 볼 수밖에 없다"고 발언했는데, 이것은 그의 '그 무엇'이 구체화되었을 때, 예컨대 DJ 아들 국회의원 만들기 같은 사건이 벌어졌을 때에 꺼낼 이야기이다.

우리는 지난 대통령 선거 때 보수 언론들이 똘똘 뭉쳐 노무현 정부를 비판함으로써 어떤 특정 후보를 지원한 사실을 잘 알고 있다. 미국처럼 아예 차라리 '공개적 지지'를 선언하는 게 자신들의 처지나 사상에 맞는 일이었다. 우리 언론들이 그런 공개적 지지를 못하는 사연이 '분명히' 있다고 대체로 짐작할 수 있다. 아무튼 국민들은 이런 저급한 수준의 사설이나 쓰고 있는 보수 언론들을 이제 폐간시켜야 할 때가 이미 상당히 지났음을 분명히 깨닫기를 바란다.

노무현 정권에 대한 국민들의 불만, 즉 그가 대통합민주신당을 통해서도 정권 연장을 못한 이유를 보기 위해선, 대통령 선거 직후 한 언론이 실시한 바 있는 여론조사 결과를 보면 알 수 있다. 이 언론기관의 조사 결과는 〈표3〉에서 볼 수 있듯이 부동산 가격 폭등,

사회 양극화 심화, 비정규직 증가 등을 그의 대표적 실정으로 꼽는
다.

노무현 정권 기간 거시 경제지표들인 성장률, 물가 상승률, 실
업률 나아가 국제수지 등을 본다면 그런 대로 평균 정도의 점수이
다. 그러나 일상생활에 바쁜 국민들은 일반적으로 그런 거시 경제
지표를 보는 것이 아니라, 자신의 생활과 가장 밀접한 지표인 자신

국민 불만 사항 (전체대비 %)	정부 측 해명
부동산 가격 폭등 (31.9%)	"각 정부 평균 부동산 상승률을 내보면 참여정부 때 그렇게 높은 것은 아닙니다." 2004년 10·29 대책으로 안정되었으나 2006년 주택담보대출 증가 등에 따라 다시 상승세로 전환, 이후 분양가 인하 등 강력한 대책으로 2007년 안정세 회복
사회 양극화 심화 (20.1%)	"양극화 심해졌다고 하는데, 하나하나 지표 조사해 보니까 그래도 참여정부가 더 나빠지는 것을 붙들어 놓았습니다." 동반성장, 균형 발전, 사회 투자 등 3대 '상생의 진보 전략'을 개발해 적극적으로 대응, 그러나 소득 양극화의 확대 등으로 성과가 적었던 것은 정부의 역량 부족 탓
언론과의 갈등 심화 (14.0%)	"먼 후일 나는 참여정부에서 가장 보람있는 정책이 무엇이냐고 물으면 언론 정책, 언론 대응이라고 말할 것입니다. (언론 개혁은) 나한테 주어진 포기할 수 없는 역사적 책무입니다."
비정규직 증가 (10.6%)	"외환위기 이후 비정규직 및 자영업자가 증가하고 소득분배가 악화되었으나 2004년을 정점으로 점차 개선되고 있습니다."
사교육비 증가 (9.2%)	교육방송(EBS)으로 월평균 4만5000원, '방과후 학교' 운영으로 280개 시범학교에서 1인당 월평균 6만2000원 사교육비 절감 효과
한미자유무역협정 체결 (6.4%)	세계 최대 시장인 미국과 자유무역협정(FTA)이 체결돼 향후 우리 경제를 한 단계 도약시키는 데 크게 기여할 것으로 기대

자료 : 『한겨레신문』, 2008년 2월 17일

〈표3〉 노무현 정권에 대한 국민의 불만 사항 조사 결과

의 소득·계층 수준, 집값 등 체감 물가, 사교육비, 유류 가격, 세금, 대출금리 수준 등을 가지고 정권을 평가한다. 다시 말해, 국민들의 일반적 정서는 자신의 고용 문제와 함께 현재와 미래의 설계를 위해 "나의 소득은 과연 얼마이고 이것으로 세금과 공과금을 낸 후 소비와 저축을 얼마나 할 수 있을까?"라는 아주 간단한 민생 문제에 좌우된다. 그런 점에서 국민들의 여론조사 결과는 납득이 간다.

노무현 정권에 대한 여론조사 결과에서도 나타났지만, 현재 국민들 다수가 자신에게 가장 중요한 개인적 경제 상태에 대해 자신을 가지고 있지 않다. 국민들이 자신의 경제 상황에 대해 불확실한 것은 '시장경제' 때문이며, 자신의 경제생활이 늘 불안한 것은 '자본주의' 때문이다. 그런 점에서 국민들의 경제 인식은 노무현 정권과 같은 어떤 권력의 '한계'로만 치부할 수는 없는 성격을 갖고 있다. 더군다나 국민이 경제에 대해 갖는 불확실하고 불안한 인식의 원인은 한편으로, 한국이 자본주의 경제의 전반적 경기 후퇴로 인해 이른바 중산층의 경제 위기감이 만성화되는 전형적인 '선진형' 저성장 경제에 돌입하고 있다는 사실이다. 이로 인해 다수 서민들(이들은 자신을 항상 '중산층'이라고 언론의 여론조사에 답한다)은 고용 불안과 함께 물가 상승의 경제난에 거의 만성적으로 직면하고 있다.

여기서 우리는 잠시, 관 주도가 아닌 민간 주도의 선진 경제에서 "누가 그런 만성적 경제 위기를 일으키고 있는 주범인가?"를 묻는 여유를 가져 보자. 이를 알아보기 위해, 우리는 멀리 갈 필요 없이 자신의 '사용자'를 찾아가면 된다. 이 세상의 모든 사용자(자본가)는 자신의 생산수단으로 벌어먹어야 하기 때문에 이윤이 생겨야 한다. 그러기 위해선 경쟁 때문에 생산비를 줄여야 하는데, 오늘날 이 생산비의 관건은 이른바 인건비 즉 임금이다. 그래서 임금을 많이 줄이기 위해서는 노동자를 적게 써야 할 것이다. (이것이 고용 불안이다.) 다음으로는 가격의 상승으로 이윤을 더욱 높여야 할 것이다. (이것이 물가 불안이다.) 그래서 모든 국민들이 느끼는 경제 위기의 주범은 바로 자본과 자산으로 이윤을 증대시키고자 하는 자본가이며 지주이다. 자신의 노동으로 소득을 벌지 않는 이런 자본가·자산가 계급들은 불로소득자不勞所得者라고 부른다.

국민의 이런 선진형 경제 위기를 재빨리 간취한 것이 이명박의 '경제 대통령'이라는 단순한 구호였다. 그런데 다른 한편으로, 국민들의 만성적 경제 위기의 시름을 더욱 깊게 만든 것은 IMF공황을 틈타 김대중이 시도했던 신자유주의 정책이다. 재벌을 위시한 자본가계급에게 유리하게 짜여진 과거 신자유주의 정책의 일부 또는 전부가 10년이란 장기간에 걸쳐 사람들의 경제적 입지를 더욱 많이 좁힌 것이다. 이 정책들 가운데 국민들에게 가장 큰 영향을 미친 것은 직장에서의 해직으로 인해 발생된 소득의 문제였다. 사람들의 평균연령은 늘어나는데 직장의 해직과 퇴직 연령은 낮아져 퇴출됨으로 인해 소득이 없거나 줄어드는 계층이 늘어났던 것이다. 노무현 정부는 김대중 정권이 저질러 놓은 일이 장기적으로 자신의 정권에서 터지는 사회경제적 효과를 과소평가했다. 이것이 바로 정권이 교체된 이유의 핵심이다.

국민들이 소득이 없어지거나 줄어들 경우 중요한 것이 고용보험, 의료보험, 국민연금이며, 이 가운데 가장 중요한 제도가 사회복지인 국민연금이다. 국민연금제는 국민 모두가 일하는 '국민개로체제國民皆勞體制'인 사회주의에서는 국가의 제도로 훌륭히 성공할 수 있다. 그러나 불로소득자가 있는 자본주의국가에서는 국민연금제가 서민이나 빈민층을 위한 사회보험의 역할밖에 못한다. 노무현 정부가 진실로 개혁파로 불리려면 '국민개연금國民皆年金' 체제로 획기적으로 전환되었어야 했다. 노무현 정부는 사회개혁의 문제를 무수한 토론회에만 맡겼을 뿐 아무런 정책 형성에 성공하지 못했다.

국민연금이 자본주의 국가에서 '빈민 구제 성격'으로 퇴락하는 사례는 한국에서 충분히 입증되고 있다. 국민연금은 1988년에 도입되어 올해로 20년이 되는데, 그동안 20년간 연금보험료를 납부하고 60세가 되는 완전노령연금수급자가 올해에 1만 3000여 명 정도 나올 예정이다. 이들은 앞으로 매달 평균 72만여 원을 받는다. 아직도 이런 제도의 초기 급여가 미미한 수준인 것은 국민기초생활급여(복지급여)도 마찬가지이다. 여기에다 현재 사회복지제도에 관한 관의 분위기는 선진국형인 신자유주의적 복지의 조정과 후퇴이다.

현재 소득이 있는 노동자들은 과반이 비정규직인데, 이들의 소득수준은 정규직의 반 정도 수준이기 때문에 미래의 생활을 결코 설계할 수 없는 형편이다. 여기에 노무현 정권은 행정수도, 신도시, 기업도시 등 개발 정책의 추진으로 부동산 투기가 전국적인 양상으로 벌어지게 만들었다. 이는 곧 아파트 가격의 상승으로 이어져서, 노무현 정권 전에 자신의 소득 수준으로 대출을 보태어 아파트 구입이 가능했던 사람들마저 도저히 집을 살 수 없는 신세로 전락하고 말았다. 노무현 정권도 잘 알다시피, 정부가 무엇을 하고 어디를 개발한다고 할 때, 투기할 목적인 사람들은 그런 부문과 지역에 투기하기 위해 저축한 돈과 대출받은 돈을 집중한다. 그래서 노무현 정권은 국민들을 아주 쉽게 두 가지 계층으로 나누었는데, 우선 돈 있는 자와 없는 자, 그 가운데 투기하는 자와 하지 않는 자, 그래서 재산을 모은 자와 그렇지 못한 자가 그것이다. 간단히 말해 사회 양극화 현상이 벌어졌다. 노무현 정권하에서 후자에 속하는 사람들이 더욱 많이 늘었다는 현상과 후자에 속하는 사람들은 아예 투표장에도 가지 않았을 것이라는 징후가 이번 대통령 선거 결과에 대해 잘 말해 주고 있는 것은 아닐까?

이명박 정부의 민간 주도 '장밋빛' 경제

이제 국민의 다수가 원하는 '경제 대통령' 이명박이 당선되었다. 그가 국민에게 제일 먼저 던진 말은 '연간 7%의 경제성장'이었다. (선거 때만 되면 으레 사람들의 관심은 그 헛된 기대 때문에 자신의 생활지표는 잠시 잊고 후보자들이 내미는 거시 지표에 눈을 돌린다.) 그의 경제에 대한 소신은 『MB노믹스』의 「한국 경제 어떻게 불 지필까」(32~39쪽)에서 찾아볼 수 있다. 그러나 이명박의 경제개혁 전략에는 앞에서 본 민생 문제를 더욱 악화시키는 것 외에 전혀 새로운 것이 없고, 단지 선진국의 신자유주의 정책을 한국에 전면적으로 도입하는 것뿐이다.

그가 주장하는 경제 운용 계획을 한번 들어 보자. 우선, 규제 완

화 등을 통해 기업 환경을 향상시켜 기업을 육성하겠다는 것이다
(규제 완화). 법인세와 서민 관련 세금을 낮춰 기업 활동과 소비를
촉진하겠다는 뜻도 세우고 있다(세금 감축). 금융 산업과 벤처 중
소기업을 육성하고 서비스산업을 활성화시키겠다는 것이다(자유
롭고 공정한 경쟁의 보장). 그럼으로써 그는 매년 60만개의 일자
리를 창출한다는 계획이다. 이와 함께 경제성장의 새로운 동력을
발굴하고, 비효율적인 정부를 개편해 예산 20조원을 절감하겠다
는 것도 이명박의 공약이다(작은 정부).

이명박의 목표가 달성된다면 한국 경제의 미래상은 어떤 모습
일까? 그것이 바로 그의 '7-4-7 구상'이다. 집권 후 연간 7%의 경
제성장이 달성된다면, 현행 헌법상 이명박의 집권이 끝나는 5년
후인 2013년도에 1인당 국민소득이 3만 달러, 10년 후인 2018년
에는 4만 달러에 달할 것으로 예상한다. 이런 목표대로 경제성장
을 이끌어 내면 10년 후에는 경제 규모면에서 2007년 현재 7위인
이탈리아와 비슷하게 될 것으로 전망한다.

정부 기능 약화, 투자 의욕 확대와 투자 촉진

이명박 정부가 구상하고 있는 민간 주도 경제 전략을 더 구체적
으로 살펴보자.

이명박은 우선, 기업인 출신답게 기업을 춤추게 해야 성장률을
끌어올릴 수 있다고 생각한다. 2002년 이후 기업의 설비투자 증가
는 연평균 2.2%(이것은 노무현 정권 5년간 연평균 4.7% 증가에
대해 잘못 안 것이다. 그러나 4.7%의 증가도 김영삼 정부 8.6%,

김대중 정부 5.3% 증가에 비해 낮다.)에 그쳤는데, 이것이 경제성
장의 둔화 요인이 됐다는 것이다. 이명박은 이런 현상의 원인을 반
기업 정서와 기업 활동을 제한하는 각종 규제에서 찾는다. 각종 규
제로 기업 환경이 악화되고 결국 투자 의욕을 꺾어 경제성장 둔화
로 이어졌다는 것이다. 이에 경제 선진국에 없는 출자총액제한제
를 폐지하고 나아가 금산 분리 원칙을 완화할 계획이다. 그리고 기
업 경영을 안정적으로 할 수 있도록 경영권 안전장치를 만들겠다
는 것이다. 특히 규제 체계는 '원칙적 금지와 예외적 허용'(포지티
브 규제)에서 '원칙적 허용과 예외적 금지'(네거티브 규제)로 전
환하겠다는 방침이다.

새 정부는 나아가 당초의 규제 취지가 사라졌을 때 규제가 폐지
될 수 있도록, 일정 기간이 지나면 자동적으로 규제의 효력을 소멸
시키는 규제일몰제를 도입코자 한다. 그리고 정부가 규제를 적용
할 때 담당자나 시기 등에 구애받지 않고 항상 일관되고 동일한 절
차에 따라 집행될 수 있도록 하는 규제 매뉴얼도 만들겠다고 한다.
합리적 노사 관계 확립을 위해 법의 지배 원칙을 세우고, 노동법규
를 글로벌 스탠더드(세계 기준)에 맞도록 정비하는 것도 기업 환
경 개선을 위해 고려하고 있다. 이 밖에 외국 기업의 경영 인프라
스트럭처(기초) 등을 확충하는 것도 이명박의 공약에 들어 있다.

"세금과 정부 지출을 줄여 덜 걷고, 덜 쓰는 정부", 이것이 『MB
노믹스』가 이명박 정부의 예산 운용 계획에 내린 평가이다. 우선,
전반적인 감세 조치를 통해 기업 활동을 활성화하고 서민의 소비
를 촉진한다. 법인세 감면은 물론이고, 유류세 인하와 부동산 세제
등 개편에 의해 총 4조 2000억대의 세금 부담이 줄어든다.

여러 나라에서 시행되고 있는 법인세 인하는 그 효과가 얼마나 될 것인지 모르나, 이것은 단순한 세제 차원의 문제가 아니라 이명박의 핵심인 고성장 전략의 밑바탕이다. 이명박은 법인세 과표 1억원 이하 중소기업에 대한 법인세를 10%로 인하하고, 1억원 초과 기업에 대한 법인세도 25%에서 20%로 내린다는 방침이다. 이명박 정부는 여기에, 투자 세액 공제 제도 연장(이것은 지난 1월 20일 대통령직인수위원회가 올해 1월 1일 투자분부터 소급해 다시 1년을 연장하기로 결정했다)과 투자 준비금 적립 한도 폐지, 그리고 각종 준조세 항목 정비 등 기업의 세稅부담을 줄이는 조치를 병행하여 실시한다고 한다.

유류세 인하는 휘발유와 경유의 교통세와 등유의 특별소비세를 10% 내리고, 택시와 장애인용 차량에 쓰는 LPG의 특별소비세를 폐지하는 것이 골자이다.

그리고 이명박의 세제 공약에서 빼놓을 수 없는 것이 부동산 세제의 개편이다. 그의 공약에는 1가구 1주택 자에 대해 종합부동산세와 양도소득세를 감면한다고 되어 있다. 특히 현행 세제가 과도한 세금 부담 증가를 빨리 일으키고 있는데다 1주택 실수요층의 예외를 인정하고 있지 않고 있다는 점에서 이런 감면 조치가 마련되었다고 한다. 그리고 서민들을 위해 교육비, 의료비, 주택 구입비 등에 대한 소득공제 한도를 확대한다고 한다.

『MB노믹스』는 감세 정책의 전제가 되는 것이 있다면 정부 지출의 구조 조정이라고 단언한다. 정부 재정은 지속적으로 그 규모가 확대되고 있지만 비능률과 낭비적 요인이 많아 예산 손실이 초래된다고 이명박은 생각하고 있다. 이에 따라 2009년 기준으로 예산의 10%인 20조원을 절감하겠다는 공약을 내걸었다. 이를 위한 방안으로 작은 정부의 추진 등 공공 부문 혁신이 있다. 이에 정부 부처를 18부 4처에서 13부 2처(이는 그 후 여야간 협상 과정에서 최종적으로 15부 2처로 결정되었다. 제5장 참조.)로 줄이고, 정부의 고위직 및 중복 설치된 위원회를 대폭 정비하여 예산을 절감할 계획이다.

또한 대형 국책 사업의 민자 사업화와 공기업 기능의 재검토를 통한 민영화 추진도 정부 지출 감소의 주된 수단이다. 정부 지출의 절약으로 민간 투자의 의욕을 확대하고 나아가 투자 활성화에도 기여하겠다는 것이다. 그리고 이명박은 계약 심사제를 활용해 중복 사업과 낭비적 사업 예산을 삭감하겠다는 공약도 제시하고 있다. 나아가 불필요한 기금을 통폐합하고 낭비적 지출 요인을 제거해 기금 지출을 절감하겠다는 것도 이명박은 공약으로 제시했다.

새로운 성장 산업의 육성과 지원 전략

이명박은 이처럼 정부 기능의 약화로 민간 경제를 활성화하고자 한다. 나아가 이명박은 이외에 한국의 성장 동력을 확충하기 위해서는 경제를 이끌어 갈 수 있는 산업을 육성해야 한다고 전제한다. 새로운 경제 엔진으로 육성하겠다는 분야는 거의 모두 지식 기반 산업이나 서비스산업에 몰려 있다.

우선, 세계 어디에 내놔도 뒤지지 않는 것이 한국의 정보 기술IT 인프라스트럭처인데, 이를 기반으로 우리나라를 세계 최강의 디지털-유비쿼터스 국가로 만들겠다는 것이 이명박의 구상이다. 디

지털 국가로 되기 위한 주요 방안 중 하나가 방송 통신 융합 산업인데, 이명박은 이를 미래의 주력 산업으로 꼽고 있다. 또한 이명박은 우리나라의 지리적 이점을 살린 서비스 허브 구상을 가지고 있다. 노무현 정부가 금융과 물류 등 일부 업종을 강조해 온 것과 달리, 이명박 정부는 보건, 의료, 관광, 레저 등 서비스산업 전반을 허브로 육성하는 방안을 제시하고 있다. 다음으로 서비스산업을 보자면 이명박이 강조하는 대표적인 서비스산업은 역시 금융이다. 그의 금융 허브 비전은 지금의 동북아 금융 허브 외에 외환 거래의 완전 자유화와 국책은행의 단계적 민영화, 글로벌 금융기관의 육성 등이다.

또한 이명박은 IT산업에 버금갈 정도로 중요해지고 있는 환경 기술ET을 수출 전략 산업으로 육성할 계획이다. 그는 환경 산업을 위해 수출 협상, 자금 순환, 금융 지원 등을 종합적으로 제공하는 '환경산업수출지원사업단' 을 설립하겠다는 계획을 가지고 있다. 그 외에 이명박은 보건, 의료, 제약, 한방 등의 산업을 국가 전략 산업으로 육성할 계획도 가지고 있는데, 이것이 곧 현재 세계적 산업으로 떠오르고 있는 생명 기술BT 분야이다. 끝으로, 이명박은 행정중심복합도시, 대덕연구단지, 오송 · 오창 산업단지 등을 하나의 광역 경제권으로 엮어 한국판 실리콘밸리를 만들면 이것들이 곧 성장 엔진이 될 수 있을 것으로 믿고 있다.

일자리 60만개 창출에 의한 고용 전략

세계적으로 많은 정권들이 경제 재도약을 위해 내세우는 공통적 목표가 있다면 그것은 일자리 창출이다. 이명박의 계획 역시 이 틀에서 크게 벗어나지 않는다. 이명박의 목표는 매년 60만개씩, 5년간 일자리 300만개를 만들겠다는 것이다. 노무현 정권은 연간 일자리 30만개를 창출하는 데 그쳤지만 그것의 두 배인 이명박의 목표는 원대한 계획이 아닐 수 없다. 위에서 제시한 바와 같이, 기업의 투자 환경에 대한 획기적 개선으로 그만한 일자리 창출은 가능하다고 보는 것이 이명박의 구상이며, 양질의 일자리를 창출할 수 있는 신성장 산업의 육성에 힘을 기울이고 분야별 취업 촉진책을 도입하면 될 것으로 그는 본다.

이명박이 구상하고 있는 취업 촉진책으로는 노동시장 유연성 확대, 장애인 및 저소득층을 고용하는 사회적 기업 육성, 기업 활동과 직접 연결되는 대학 특별 과정 설치, 국내 대기업의 인턴 제도 활성화, 여성 취업 촉진을 위한 보육·교육 제도 확충, 노년층 일자리 확충을 위한 임금피크제 확대 등이다. 그는 이런 촉진책들이 현재 사회의 구조적 문제로 떠오른 청년 실업을 줄이는 데에도 기여할 것으로 본다. 청년 실업률은 2007년 3분기 기준으로 7.1%에 달하며, 그들이 학교를 졸업한 후 첫 취업까지 걸리는 시간은 무려 평균 11개월에 달한다. 이명박은 청년 실업률을 절반으로 떨어뜨리겠다는 생각이다.

이명박은 이런 거창한 성장 전략, 민간이 주도하는 성장 전략으로 지난해 제17대 대통령으로 당선되었다. 이명박은 위와 같은 성장 전략이 성공할 경우 자신의 '대한민국 7-4-7 구상'을 달성할 것으로 자신한다. 이처럼 이명박이 제시한 경제 목표는 한마디로 성장 우선주의이다. 노무현 정부에서 국내총생산GDP 성장률은

2003년 3.1%, 2004년 4.7%, 2005년 4.2%, 2006년 5%, 2007년 4.9%를 기록했다. 그런 점에서 노무현 정부의 성장률은 역대 정권 가운데 최하위를 기록한다. (후술하는 〈표5〉에서 보듯 5년간 연평균 성장률은 4.4%로서 김대중 정권과 우연히도 일치한다.)

이명박 당선인의 공약에 따르자면, 취업자는 향후 5년 간 300만 명 늘어나고, 5년 후 고용률은 선진국 수준인 70%로 올라간다. 이에 청년 실업률은 현재 7~8% 수준에서 3~4% 대로 떨어지고, 출산율도 가구당 1.1명에서 1.5명까지 높아진다. 여성의 경제활동 참가율은 경제협력개발기구OECD 평균인 60%에 육박하고, 실질 주택 보급률도 100%를 넘긴다. 이것이 이명박호 경제성장의 청사진이다.(『MB노믹스』, 27~54쪽.)

이명박호 성장률 달성은 불가不可 전망

· 우리는 이명박의 거창한 민간 주도 경제계획을 위에서 간추려 보았다. 그런데 우선 그의 계획은 이해관계가 얽힌 민간 업자인 재벌 등을 비롯한 사기업체들 간 과도한 경쟁으로 인해 부정부패는 물론 자칫하면 불법 비리를 필연코 몰고 온다. 자본주의에선 지극히 정상적인 경쟁 업체 간 지대추구행태rent-seeking behavior, 곧 개인들이 각자 자신의 이익을 최대한 추구하여 결과적으로는 다른 사람들의 이익을 잠식하게 되는 결과를 초래하는 행태로 인해 이명박의 민간 주도 사업들은 처음부터 새로이 구상되거나 조정되어야 할 것이다. 국가의 규제 완화로 민간의 자율로 넘어간 사업은 말할 것도 없고, 특히 경부운하 건설과 같이 국가가 계획을

세운 사업들이 민간에게 위탁되거나 이양되어 정부가 당초 의도한 대로 목표가 달성된 경우는 지금까지 드물었다. 그럴 경우 자본주의 정부가 할 수 있는 일이란 그런 사업 가운데 어떤 사업이 우선적이거나 선별적으로 시행될 수 있을 것인가를 놓고 기업과 협의하는 수준의 것이 고작일 뿐이다. 그러나 사업의 결정과 운용은 이미 민간에게 권리가 넘어가 있기 때문에 정부의 협의는 사실상 무용지물이 될 것이다. 우리가 이런 비판을 하는 주된 이유는 이명박도 기업인 출신인 만큼, 기업의 이윤 최대화 추구 행태를 정부의 규제 법률이 아니고는 막을 수 없기 때문이다.

우리는 위에서 본 것처럼 이명박 정권이 전반적으로 추구하거나 구체적으로 실천하는 장밋빛 정책들이 온전하게 실현될 것으로 믿지 않는다. 여기에선 다만, 이명박 정권이 향후 자신들이 달성할 수 있다고 믿는 '7-4-7 구상'에 대해서만 간단히 살펴보기로 한다.

오늘날 어느 국가의 정권이든 그것이 '구상'이라고 밝힌 것은 바로 시장 중립적인 계획이다. 이것은 정부가 통제할 수 없는 변수인 유가, 원자재 값, 때로는 환율 등이 일정하게 변동할 것으로 예측한다. 이런 예측 하에 정부가 통제할 수 있는 변수를 정책으로 조작하여 경제가 기초적인 힘만으로 시장에 조응하여 얻을 것으로 기대되는 결과를 국가가 어림잡아 계산한 것이 '계획'이다. 그래서 자본주의국가에서 계획이란 국가가 주도하는 어떤 의도적, 기간基幹적 행동이 아니다. 그것은 이명박처럼 정부가 조직과 예산과 인력으로 어떤 일을 우선 추진하거나 후원했을 때 '그것이 민간에게 유인incentive으로 작용하여 경제가 어느 정도 소기의 기대적 효과를 거둘 수 있을 것인가'에 대한 짐작일 뿐이다. '7-4-7 경제성장 계획' 역시 이러한 수준의 예측일 뿐이다.

이처럼 정부의 어떤 구상이든 계획이든 그것의 사경제적私經濟 的 본질을 잘 알고 있는 우리는 결코 비관적인 사람들이 아니다. 그럼에도 불구하고 경제에 대한 이명박의 '7-4-7 구상'은 너무나 낙관적이어서 국민에게 엄청난 기대감을 주고 있는만큼이나 곧 실망으로 바뀔 것이다. 대통령직인수위원회는 지난 1월 14일, 올 해의 성장률을 당초 이명박이 큰소리 쳤던 7%보다 낮은 6% 정도 로 조정했다. (물론 7%란 5년간 연평균이니까 올해에 6%, 내년에 8% 성장하면 그런대로 2년간 연 평균 목표 성장률은 달성할 것이 니까.)

한국의 각종 경제 연구소, 예컨대 삼성경제연구소는 물론이고 외국의 기관에서는 한국의 경제성장률을 5% 정도로 예상하고 있 다. 특히 민간 소비는 내구재 소비가 확대되고 서비스 지출이 증가 해도 성장률에 못 미치는 연간 4.5% 정도 증가율을 보일 것으로 전망한다. 그러나 설비투자는 7.1% 대폭 증가할 것으로 예상한다. 한편 수출은 2008년에 10% 이상의 높은 증가세를 유지하면서 경 기의 견인차 역할을 지속할 전망이다. 한국은 최근 원화 강세, 해 외 경기의 감속 성장 등 다소 우려되는 상황에 놓여 있지만, 수출 은 개도국을 중심으로 한 수출 지역 다변화, 아시아 역내 교역 및 분업 확산, 수출 구조 고도화를 통한 경쟁력 확보 등에 힘입어 2003년 이후의 호조세를 유지할 것으로 보인다.

또한 삼성경제연구소는 한국의 실업률에 대해 다소 낙관하고 있다. 실업률은 2007년보다 0.1% 포인트 하락한 3.1%로 예상하고 있다. 이것은 취업자 증가 수를 지난해보다 소폭 상승한 31만 명으로 추산하는 데 따른 것으로, 특히 사업서비스업 등 특정 서비스업에 일자리 창출이 집중될 것으로 전망하고 있다. 또한 올해에는 비정규직 보호법 등 노동 관련법과 제도의 변화로 다양한 근로 형태가 확대되는 추세를 보일 것이다.

그러나 소비자물가에 대해 삼성경제연구소는 비관적인 전망을 내놓고 있다. 물가는 지난해의 2.5%에 비해 3.0%대로 대폭 상승할 것으로 본다. 이것은 2006년 이후 경제성장률이 3년 연속 잠재 성장률을 넘어서면서 인플레이션 압력이 높아진 상황이기 때문이다. 대외적으로 고유가 등 국제 원자재 가격이 크게 상승한 반면, 이미 900원을 넘어선 환율은 추가적으로 하락하기도 어려워 국내 물가에 대한 파급효과는 높아질 전망이다. 여기에 중국발 인플레이션의 영향이 가중되면서 소비자물가는 최근 몇 년 간에 비해 큰 폭으로 상승할 것으로 예상된다. 이명박 정권하에서 한승수의 자원 외교로 통제 불능 변수를 가급적 정확하게 예측할 수 있는 등으로, 향후 5년 간 연평균 7% 정도의 성장을 꼭 달성할 것을 우리는 '정말로' 기대한다.

인수위에서는 경제성장률을 6%로 조정하면서, 이명박 공약의 연간 성장률 7%는 실제 성장률이 아닌 잠재 성장률이라고 슬쩍 비켜 갔다. 어느 나라든 한 해 경제의 총 실적은 경제성장률로 표시한다. 국가의 가장 중요한 대표적 지표에 대해 이제 선거가 끝났다고 슬쩍 말을 바꾸는 인수위의 그런 비도덕적 행태야 말로, 우리 사회의 보수 우익 정치인들이 선거 때만 되면 국민들을 기만하고 우롱하는 실상의 전형이다. 우리가 더욱 분노할 수밖에 없는 것은 언론들의 고의적인 무심한 태도이다. 지난해의 4.9%보다 높으니까 국민들은 만족할 것이라는 생각인지, 언론은 그저 간단히 보도하는 데 그쳤던 것이다. 제도 언론들은 지금 무엇 때문에 서로 눈치 보는 그런 무비판의 '줄타기' 인내심을 발휘하고 있는가를 우리는 엄중히 묻고 싶다.

이명박 정부가 애초에 목표로 내걸었던 경제성장률은 한국의 경제 여건상 달성할 수 없다. 한국이 이미 10년 전부터 수출(그런데 올해 무역수지는 벌써부터 적자이다)만 빼고는 투자와 소비가 선진국형 성장세로 돌아섰다는 것은 아래의 〈표4〉로부터 알 수 있다.

(단위 : %, 억달러)

	성장률	실업률	물가상승률	무역수지 (통관기준)
한국	4.9	3.2	2.5	146
미국	1.9	5.0	2.9	−7.040
일본	1.7	3.9	0.7	1.036
유로지역	2.1	6.8	2.6	−63

지표 : 「한국은행 조사통계월보」, 「세계경제전망」, 2008년 1월호

〈표4〉 세계 선진국의 2007년 경제상황

〈표4〉는 세계의 주요 선진국들의 지난해 경제 실적을 총괄한 것이다. 이 표로부터 알 수 있듯이, 서방 선진국들은 무역 적자라는 문제일 뿐만 아니라 낮은 성장률과 높은 실업률이 겹치는 만성적인 경제 침체(불황)stagnation에 빠져 있다. 선진국의 불황은 도대체 어디에서 오는가? 한마디로 선진국 자본의 제국주의적 투자imperialist investment가 원인이다. 선진국 자본이 더욱 높은 이윤을

내기 위해 개발도상국의 산업 및 금융에 투자하기 때문이다.

또한 선진국에서는 자신들이 개발하는 일부 첨단 기술의 제품을 제외하곤 주로 개발도상국의 제품을 소비하고 있다. 이것은 특히 미국의 경우에 해당된다. 다시 말해 선진사회에서는 일부 새로운 투자나 소비를 유발할 수 있는 경우를 제외하고는 높은 성장률을 유지할 만큼의 국내 투자나 소비가 일어날 수 없는 것이다. 이것이 바로 선진국에서 투자나 소비가 저조한 주요 이유이며, 이는 곧 저성장과 고실업의 장기적 불황으로 이어지는 것이다.

한국도 선진경제로서 자본주의 체제를 유지하는 한, 과거 개도국 시절처럼 —— 지금의 중국처럼 —— 경제지표들이 쉽게 호전 될 수가 없다. 만약 이명박 정부가 마치 개발도상국처럼 우리 경제를 호전시키고자 할 경우 그것이 단기적으로 취할 수 있는 거시적 방안은 무엇인가? 그것은 정부의 재정 적자 정책과 중앙은행의 금리 인하 대책밖에 없다. 그러나 이런 통화 증가 대책은 경기를 단기적으로 부양시킬지 모르나 결국은 물가 상승inflation을 초래해 경제를 파탄지경으로 몰아갈 것이라는 것이 현대 경제이론이다. 그래서 현대 경제는 중앙은행 또는 연방은행이 정부와 독립해 물가 상승의 억제, 즉 통화가치의 안정을 도모하는 것이야 말로 중요한 과제가 아닐 수 없다.

지금까지 한국 경제가 이룬 시대별 및 정권별 성장률을 보면 다음의 〈표5〉와 같다. 이 표에 따르면, 이명박 정부의 7% 성장률 달성이란 역사적 근거에서도 '신화'에 해당되는 사건이다. 한국은 1970년대 이후 10년마다 1% 포인트씩 성장률이 감소하는 '선진국형' 경제로 발전하였다. 이런 불가항력적 경향은 정권별로 볼 때에도 비슷한 양상을 보여 주고 있다. 김영삼 정권을 제외하고 김대중 정권과 노무현 정권은 2000년대 성장률인 5%대를 기록하지 못하고 저조한 4%대에 그치고 말았다.

구분	연대 및 정권	연평균 성장률
시대별	1970년대(71~79)	8.3%
	1980년대(80~89)	7.7%
	1990년대(90~99)	6.3%
	2000년대(00~07)	5.1%
정권별	김영삼 정권(93~97)	7.1%
	김대중 정권(98~02)	4.4%
	노무현 정권(03~07)	4.4%

출처: 한국은행, 『경제통계연보』

〈표5〉 한국 경제성장률의 시대별, 정권별 추이

세계 경기는 현재 후퇴 중

2000년대에 들어선 한국 경제의 잠재성장률potential growth rate 을 4% 후반쯤으로 보는 것이 전문가들의 거의 일치된 견해이다. 이명박 구상대로 투자가 살아나고 소비가 다소 좋아진다 하더라도 새 정부가 예상하는 6% 성장률 달성은 어려울 것이다. 이명박의 '작은 정부' 구상대로 만약 정부 지출을 줄일 경우, 성장은 더욱 큰 타격을 받을 것이다. 또한 올해 세계경제 특히 미국 경제의 둔화 현상으로 무역수지가 오히려 적자가 될 것으로 전망될 경우 6%의 성장률도 거두기 힘들 것으로 평가된다. 그래서 새 정부 일각에서는 5% 성장율을 예견하고 있다. 여기에서 우리는 참고로 세계와 주요 지역 및 국가들의 올해 경제성장률에 대한 전망치를 〈표6〉으로 알아보자. 이 표에 의하면, 올해 세계경제는 지난해에 비해 분명히 후퇴하는 양상을 보여주고 있다

(단위 : %)

연도	세계	선진국	미국	일본	유로 지역	아시아 지역	개도국	중국
2006	5.4	2.9	2.9	2.4	2.8	5.3	8.1	11.1
2007	5.2	1.9	1.9	2.0	2.5	4.9	8.1	11.5
2008	4.8	1.9	1.9	1.7	2.1	4.4	7.4	10.0

주 : 아시아 지역은 한국, 대만, 싱가포르 및 홍콩
자료 : IMF, World Economic Outlook, 2007, 10월

〈표6〉 세계 경제성장률 실적 및 전망

세계 최대 선진국인 미국의 올해 성장률이 최근년 사이 최악으로 떨어질 것이라는 전망도 이명박의 한국 경제 청사진을 어둡게 하고 있다. 세계의 주요 기관들이 올해 미국 성장률을 지난해 2.3%(당초 예측치)에서 더욱 하락한 1.9%(국제통화기금), 심지어는 1.2%(『이코노미스트』)로 전망하고 있다. 미국이 지난 1월에 경기 후퇴를 우려해 연방기금 금리를 대폭 0.75% 인하한 데에는 특히 미국의 주가 하락이 가장 큰 요인으로 작용했다. 최근 미국의 주가 하락은 비우량주택담보대출subprime morgage의 부실에 따른 주택 시장 침체, 이에 따른 금융시장 불안, 이어서 투자 둔화 등이 복합적으로 작용한 결과라고 전문가들은 진단한다. 특히 비우량 주택담보대출의 손실이 지금까지 공표된 것만 해도 1천억 달러가 넘는데 향후 6천억 달러로까지 커질 것으로 전망되고 있다.

그런데 미국 경기의 후퇴를 가장 확실하게 알려준 지표는 바로 실업률 상승이다. 지난해 4.7%였던 실업률이 올해에 접어들면서 5%대로 상승했다. 이처럼 미국 실업률이 5%로 접어든 것은 지난 2005년 11월 허리케인 카트리나 피해로 인해 올랐던 실업률 이후 처음이다. 지금까지의 경험으로 볼 때 미국 경제의 호악을 판단하는 가장 적절한 경기 시그널이 바로 실업률 지표이다.

한국의 올해와 내년 5% 성장 어려워

외국의 주요 투자은행들은 〈표7〉에서 보듯 한국 경제가 올해는 물론 내년에도 5% 성장을 달성하기 쉽지 않을 것으로 전망했다. BNP파리바, 골드만삭스, JP모건, 리만브라더스, 모건스탠리, USB, 도이치뱅크, 씨티, 메릴린치 등 9개 주요 외국계 투자은행이

(단위 : %)

	2008년	2009년
BNP파리바	5.0	5.0
골드만삭스	5.0	5.3
JP모건	4.8	5.1
리만브라더스	4.6	5.3
모건스탠리	4.8	5.3
USB	4.1	4.2
도이치뱅크	3.9	4.0
씨티	4.6	4.8
메릴린치	5.5	4.7
평균	4.7	4.9

출처: 「연합뉴스」, 2008년 2월 19일

〈표7〉 외국의 주요 투자은행의 한국 경제성장률 전망

올해 들어 보고서를 통해 밝힌 한국의 성장률 전망치 평균은 4.7%
에 그쳤다. 이는 지난해 8월에 조사했을 때의 5.0%(8개 투자은행
대상)보다 0.3%포인트 낮다. 지난해 하반기만 해도 올해 5% 성장
을 낙관한 투자은행들의 이러한 태도 변화는 서브프라임 모기지
론의 부실, 고유가, 인플레이션 등으로 미국 및 세계경제가 침체할
우려가 커지면서 한국 경제의 성장세 하락 위험이 확대된 데 따른
것으로 풀이된다.

이들 투자은행은 내년에도 한국 경제가 5% 성장을 달성하기 어
려울 것으로 전망했다. 이들 투자은행이 제시한 내년 한국 경제의
성장률 평균 전망치는 4.9%였고, 골드만삭스(5.3%), 리만브라더
스(5.3%), 모건스탠리(5.3%), JP모건(5.1%), BNP파리바(5.0%)
등은 5%대의 성장이 가능할 것으로 예측했다. 반면 씨티(4.8%),
메릴린치(4.7%), USB(4.2%), 도이치뱅크(4.0%) 등은 한국 경제
가 내년에도 5% 성장률을 달성하지 못할 것으로 예상했다.

제 5 장

정부 권한의 왜곡 심화

우리가 이미 보아 온 바와 같이, 이명박 정부는 신자유주의 정신으로 민간 주도 성장을 추구하는 자본주의 선진국을 지향하고 있다. 현대 선진국들이 추구하는 신자유주의 정책은, 국가 간 역사적 및 문화적 차이로 인해 약간의 양적 차이는 있다 하더라도, 민간 주도 성장을 경쟁적으로 추구하는 점에서 질적 차이는 없다. 오늘날 세계는 지난 세기 동서 냉전을 갈음하는 미국 패권의 신보수주의와 그간 정부의 실패로 시장 질서를 강화하는 신자유주의가 사람들의 의식과 행태를 시배하고 있다.

이런 세계적 경향으로 인해, 미국이 그간 일으켰던 아프가니스탄과 이라크에 대한 전쟁이 미국의 일방적인 선언에 따라 정당화되고 있으며, 또한 정부의 규제로부터 자유로워진 세계의 독점자본들은 그들의 재산권 횡포를 정당화시키고 있다. 이런 세계적 상황으로 인해 현실은 우리가 주장해 온 '평화로운 평등 체제', 즉 평평체제平平體制의 이상을 결코 달성할 수 없도록 퇴락하고 있다.

현재 어느 나라든 양심과 이성과 도덕이 살아 있는 곳에서는, 평화
와 평등을 거스르는 인간의 자만인 전쟁과 방종이 결국은 인간사
회를 파멸로 이끌어 가는 핵심 요인이 될 것으로 본다.

국가의 최소한 의무와 책임

인간 사회의 지속적 퇴락과 궁극적 파멸을 우려하는 목소리에
귀를 기울여야 한다. 오늘날 어느 사회든 국가를 구성하고 있기 때
문에, 정부는 그런 목소리에 귀를 기울여야 하는 의무를 지고 있으
며 그것을 해결하지 못한 책임을 져야 한다.

우리는 이번에 당선된 대통령이 그런 의무의 최소한으로 "전쟁
과 방종을 가급적 억제하기 위해 평화와 평등을 우선적으로 강구
하는 정부가 될 수 있을까?"에 대해 심각한 의문을 제기할 수밖에
없다.

우리는 이미 앞에서, 이명박 정권이 더욱 친미적 보수 우익으로
흐를 가능성을 예단한 바 있다. 신보수주의와 신자유주의는 미국
의 보수 우익들이 자신들의 권력 유지와 세계 패권을 위해 주조한
독단적 제국주의 이념이다. 한국과 같은 신생 선진국의 권력 정예
들이 이런 친미 보수 우익적 이념으로 무장할 경우에, 그 나라는
힘겹게 미국을 배제하며 자신들의 국익을 좇아 자주적 독립국가
로의 입지를 세워왔지만 이제는 다시 미국의 국익을 추종하는 타
율적이고 예속적인 국가로 회귀하게 될 것이다. 이명박 정부는 한
국이 유엔UN에 가입한 떳떳한 자주독립국가라는 사실에서 한걸음
더 나아가, 우리의 국익에 반할 수 있는 미국의 예컨대 자유무역협

정FTA의 강요에 일방적으로 승복해선 안 된다.

이처럼 어느 나라에서건 정부government란 결코 간단한 사안이 아닐 뿐만 아니라, 정부의 권한이 집행되고 의무가 이행되는 구체적인 기능들은 결코 단순한 사안으로 간주될 수 없다. 사회과학자들은 정부의 역할을 이해하는 것은 언제나 논리 정연한 수학이나 논리학을 이해하는 것과는 다르다고 말한다. 정부의 목표가 만약 변함이 없다 하더라도, 그런 목표를 달성하기 위한 수단인 정부의 권한은 시대의 정신과 제약에 따라 달라져 왔다. 현대의 모든 국가들이 추구하고 있는 정신은 신자유주의이고 이것은 정부의 권한을 제약함으로써 정부를 변화시키고 있다. 사회과학(특히 행정학)에서는 신공공 관리New Public Management가 등장하여 정부의 신자유주의적 권한과 기능에 관해 연구하고 있다. 한마디로 정부의 권한 후퇴와 함께 이것으로 유도되는 정부의 역할과 기능의 재조정을 탐구한다. 우리는 여기에서 신자유주의를 본격적으로 추구하는 이명박 정부에서 정부의 권한이 어떻게 왜곡되어 후퇴하고 있는가를 탐구하고자 한다.

정부 자체는 필요악이자 능동선

이명박 정부는 신자유주의적 본질인 탈규제, 민영화, 세금 감축 등 민간 주도를 위해 정부의 권한을 후퇴시키고 있다. 그러나 사회과학자들은 사회가 정부를 필요로 한다면 그것에는 최소한의 고유한 권한이 주어져야 한다는 입장을 가지고 있다. 우리는 그런 고유한 권한을 행사하는 정부를 흔히 필요악necessary evil과 같은 존재로 여겨 왔다. 그러나 정부의 본질은 인간의 사회에 대한 의식이 변해 온 역사와 궤를 같이한다.

인간이 사회의 존재를 인정하고 그런 사회를 통할하는 권력을 인정할 때에야 비로소 정부의 존재를 인정하고 그것이 명령하는 사안에 순응하게 된다. 이것은 대체로 근대 서구의 시민사회가 태동하여 시민의 자율적인 행위와 책임을 근거로 하는 근대 민주 정부가 탄생하기 시작했던 18세기에 이르러서 가능한 일이었다. 그러나 민주주의가 들어선 18세기는 정부의 권한을 제약하는 자유의 시대였다. 이어 19세기는 정부의 권한을 부정하지는 않았던 자유를 제약하는 평등을 위한 혁명의 시대였고, 드디어 20세기에 와서는 자유와 평등이 격돌하는 반란의 시대에서 마침내는 함께 공존하는 타협의 시대에 이르렀다.

개인과 사회가 타협하게 된 20세기에 이르러 국가는 유력한 사회제도로 자리 잡았다. 이때까지 정부가 수행하는 복잡하고 다양한 기능들을 참고해 정부를 특징짓게 된 말이 "정부는 필요악이다"라는 것이다. 정부는 개인이 누리는 자유를 당연히 허용한다. 그러나 정부는 사회의 관점에서 그런 자유가 지나칠 경우, 그 자유를 구속하는 규제를 정하는 것을 의무로 한다. 이로 인해 정부는 우리 모두의 생활에 간섭하게 되는데, 우리가 자유롭게 할 수 있는 것과 할 수 없는 것을 구별하는 것이 이때의 핵심이다.

자동차 운전을 사례로 들 수 있다. 개인은 누구나 자동차를 자유롭게 운전할 수 있지만 그러기 위해선 먼저 정부가 정한 시험에 통과해서 면허증을 따야 한다. 나아가 정부는 교통이 번잡한 곳에 주차를 금지시키고 있을 뿐만 아니라 속도 제한을 초과할 경우 벌금을 매기기도 한다.

　정부가 필요악인 다른 사례로는 직업 선택의 자유와 그에 대한 정부의 개입을 들 수 있다. 국민이 직업을 갖기 위해선 누구나 최소한의 자격 요건에 해당되는 의무교육을 우선 이행해야 한다. 또한 한국의 남성 경우에 직업을 갖기 위해선 일정한 군복무를 이행해야 한다. 나아가 어떤 직업들 예컨대, 변호사, 의사, 약사 등등은 정부가 인정하는 일정한 자격증을 따야 한다. 우리가 직업에 종사하여 돈을 벌 경우에 정부는 일정한 세금을 징수하며, 만약 그런 돈이 상속될 경우에는 상속세가 부과된다. 정부의 이런 행위들은 국민들로부터 가끔 원성의 대상이 되기도 한다. 그래서 국민들은 정부야말로 필요한 제도지만, 그것은 동시에 우리들을 제약하는 것으로서 악이라고 규정하게 된다.

　20세기에는 정부를 소극적인 어떤 악이라는 규정에서 나아가 적극적인 어떤 선으로 규정하게 되는 문명의 시대를 맞이한다. 이것은 양자가 의미하듯이, 전혀 대립적이며 모순적인 성격을 정부 그 자체에 모두 포괄하고 있음을 의미한다. 언젠가 미국 연방대법원 판사 올리버 홈즈는 젊은 의원으로부터 "당신은 세금 내는 게 싫지 않는가?"라는 질문을 받고는 이렇게 즉각 대답했다고 한다. "아닐세, 젊은이여. 나는 세금 내는 걸 좋아한다네. 세금으로 나는 문명을 사니까." 그로부터 몇 년 후 세금이 훨씬 무거워졌을 때에 홈즈와 같은 연방대법원 판사인 윌리암 다그러스는 정부에 관한 '고전적' 정의를 다음과 같이 내린다. "정부는 인간관계를 규정하는 가장 선진적인 기술이다. 그것은 문명의 복잡성이 요구하거나 필요로 하는 다양한 서비스를 제공한다. 정부는 어떤 사회에서든 존재하는 다양한 경쟁 세력들이 균형을 취하게 해서는, 그런 틀 위에 지배적이며 시대적인 요구들을 만족시키게끔 짜여 있다. 결과적으로 정부는 높은 목표에 기여하는데, 그것은 문명의 결합력 있는 자질이다."(E.F.Hunt and D.C.Colander, *Social Science*, 2005, p.291.)

정부에 대한 이러한 적극적 규정에 따르자면, 현대의 모든 정부들은 곧 능동선positive good을 추구하는 본질을 갖고 있다. 정부를 능동선으로 이해할 때, 우리는 토마스 페인이 주장한 "정부는 도덕적 가치의 부족함을 메우는 데 필요한데, 우리의 도덕적 약점이 우리들의 관계를 해치게 될 때 우리가 올바른 일을 하도록 강제한다"에서 정부의 진실을 발견하게 된다. 그래서 정부는 오늘날 자유와 함께 그것에 제약도 동시에 가하는 '필요악'을 넘어서서, 인간관계에 반드시 필요한 도덕적 가치의 흠결을 보완해 주는 역할인 공동선을 촉구하는 성격을 가진다. 정부는 곧 모든 사람들이 인간으로서의 권리를 가지고 올바르고 좋은 정의로운 생활의 본질을 누리게끔 하는 능동적 행동을 촉구하기 위한 적절한 사회적 도구이다.

정부의 주요 권한 다섯 가지

그렇다면, 이런 성격을 갖고 있는 정부가 그것의 고유한 권한이며 역할로 간주해 온 것에는 무엇들이 있는가를 알아보아야 한다. 이것을 우리가 역사적으로 그리고 지리적으로 조사해 보면, 각 사회마다 문화적 차이가 있는 만큼이나 사회의 공공적 부분인 국가의 역할에는 차이가 있기 마련이다. 지금으로부터 2천 년 전에 존재했던 로마제국에서 사람들의 여가 생활인 스포츠, 예컨대 원형경기장에서 벌어지는 검투사들의 격투기 같은 스포츠는 황제로 대표되는 국가가 직접 관리했다. 그러나 지금은 거의 모든 스포츠 경기는 정부의 개입이 없이 민간 기업들이 자신들의 흥행적 이윤을 위해 관장하는 서비스영역으로 되어 있다.

오늘날 국가들 사이에도 정부가 해야 할 일, 즉 사회가 집단적인 노력을 기울여야 할 일에 있어 차이를 보이고 있다. 석유의 관리를 예로 들어 보자. 석유는 매장량이 점점 줄어들지만 그것의 생산량과 소비량이 크게 증가하는 등 현재 가장 중요한 천연자원이다. 석유수출국기구OPEC에 소속된 국가들에서 석유상石油相은 정부의 핵심 관료이다. 하지만 미국 같은 나라에서는 석유의 생산과 소비는 사기업의 이윤 대상이기 때문에 석유상이란 직책이 없다. 이처럼 정부의 권한과 그것의 역할은 국가마다 다를 수 있는 상당히 문화적이며 역사적인 측면을 담고 있다.

현대 사회과학자들은 나라마다 다른 정부가 국가 사회에서 수행하는 공통적인 역할이 무엇인지를 조사했다. 나아가 그들은 국가이기 위해 반드시 갖추어야 할 보편적인 역할이 무엇인지를 추상해 왔다. 이에 대한 전제는, 지금은 어느 사회든 적어도 국가의 시대라는 점이다. 세계의 어느 사회에서도 그것에 대한 이념적 및 물질적 통제를 행사할 수 있는 정부가 없는 사회란 존재하지 않는다. 그렇기 때문에 사회에는 반드시 정부가 필요하다는 일반적인 신념이 자리 잡게 되었으며, 사람들은 이런 일반적인 통념에 의거하여 자신들이 선출한 정부의 권한에 복속하게 되는 것이다.

이처럼 사회를 기본적으로 통제하는 수단으로 떠오른 정부는 아래와 같이 크게 다섯 가지 주요 권한들 내지 기능들을 행사하는 것으로 사회과학은 일반적으로 규정하고 있다.(E.F.Hunt and D.C Colander, *Social Science*, 2005, pp.286~290 참조)

▶ 제1권한: 국가 안전의 유지

▶ 제2권한: 사회정의의 확보

▶ 제3권한: 개인의 자유의 보장

▶ 제4권한: 개인행동의 규제

▶ 제5권한: 일반 복지의 고양

제1권한: 국가 안전의 유지

정부의 제1권한은 국가의 가장 기본적인 임무, 곧 대내외의 적 敵들로부터 자신의 시민들을 보호하는 것이다. 이 세상 모든 정치 사회의 최고 가치는 사회 구성원 자신들의 자주적인 존속이나 방위를 의미하는 자존自存 또는 자위自衛이다. 정부야말로 국내외적으로 국가 사회를 보호하기 위해 무력으로 정비된 기구이다. 이처럼 국내의 평화와 안전을 책임지는 정부가 없이는 다른 사회 기관들은 사실상 존재할 수가 없다. 그래서 정부 또는 법률이 없는 혼란한 사회인 무정부 사회anarchy를 옹호하는 것은 국내 질서와 국제 안전의 유지라는 정부의 최초이자 최후의 임무를 무시하거나 망각한 견해이다.

과거의 절대 군주나 현대의 독재자는 간혹 사회의 변화가 초래되는 경우 등장한다. 과거 프랑스혁명기에 등장한 나폴레옹 보나 파르트나 제1차 세계대전 후 혼란해던 독일에서 등장했던 파시스트인 히틀러가 그런 사례이다. 이들에게 사회의 안전과 질서유지를 위해 일시적으로 맡겨졌던 권력은 오히려 무정부 사회를 창출했다. 그런 무정부 사회는 오히려 그들에게 자신들의 권익이 중심인 법률과 질서를 창출할 수 있는 독재의 기회를 제공해 왔던 것이다. 현대의 대부분 선진국들은 내전을 종식시켜 왔을 뿐만 아니라 국민들 간 벌어지는 폭력을 평화로운 질서 상태로 안정시켜 왔다. 국가가 그런 폭력들을 진정시키지 못해 벌어지는 유혈과 파괴와 고뇌는 국가를 분열시켜 왔다. 우리가 기억하는 그런 사례로는 최근의 보스니아, 소말리아, 르완다, 콩고공화국 등을 들 수 있다.

2001년 미국의 9·11 사태 이후, 세계의 어느 나라든 국내 질서의 교란 행위 가운데 제1호 주범을 이른바 테러terror로 낙인을 찍었다. 테러에 대해 종래 정치학이 내리는 정의는 반정부 세력에 의한 비정규전 형태의 폭력이다. 9·11 사태 이후에는 미국의 주도로 서방 선진국들은 국가 안전의 유지를 위해 테러에 대한 국제적 공조를 수행하고 있다. 이는 특히 미국이 9·11 사태의 주범으로 지목한 알 자하히리와 오사마 빈 라덴이 이끄는 알카이다를 서방 세계에 대한 테러 조직으로 지목한 데 따른 것이다. 그런 점에서 오늘날 미국이 통제하는 세계 질서에서, 국가를 위협하는 적인 테러에 대한 정의도 이제는 국제정치학적 견해인 반미국 내지 반미동맹 세력에 대한 비정규전적 폭력으로 바뀐 셈이다.

그렇다면 테러를 위시해 국가 안전에 방해가 되는 행동을 원천적으로 견제할 수 있는 정부의 능력은 과연 어떤 권한으로부터 오는가? 그것은 바로 정부의 제2권한을 위시해 다른 여러 권한들이 적절하게 통합되었을 때에 나온다.

제2권한: 사회정의의 확보

정부의 제1권한을 가장 든든하게 지키고 있는 제2권한이 바로 사회정의의 확보이다. 정의에 대한 신념은 점차 국가의 보편적인 기능으로 간주되어 왔기 때문에 모든 현대 정부들은 사회정의에 복무할 것을 공언하고 있다.

정의란 법률이나 사법 판결 등이 '형식적으로' 정하고 있는 도덕적인 올바른 행위를 의미한다. 그러나 사회정의는 개인들이나 집단들이 서로 맺는 실질적 관계에서 '무엇이 옳은가'를 사회적으로 판별하는 개념이다.

사회는 개인에게 인간으로 대우받는 기본적 권리인 인권이 무엇인지를 우선 명시한다. 국가의 법률은 근본적으로 침해될 우려가 있는 권리들을 규정하며, 권리가 침해된 사람들을 구제하기 위해 사법부는 판결을 내린다. 이처럼 개인의 인권을 실질적인 기반으로 하여 그것에 합당한 올바른 사회의 체제와 질서를 유지하는 것이 바로 국가의 제2권한인 사회정의의 확보이다.

국가는 사회정의를 명확히 규명함으로써 결국 개인의 정의를 궁극적으로 보호한다. 국가는 그러나 만약 사회가 요구하는 정의가 개인이 주장하는 정의와 충돌할 경우에는 일반적으로 사회적 정의의 손을 들어준다. 여기에는 '정의' 자체가 의미하는 '옳은 것'이란 무엇인가에 대한 사회적 정립이 전제되어야 한다. 그러나 정의에 대한 사회적 정립은 예컨대, 미국의 애국자법에 대한 최근의 논쟁에서 드러나듯, 결국은 국가와 국민 간 합리적 실력 겨루기인 정치적 및 여론적 대결, 결국은 선거라는 대결 구도에서 판가름 난다. (애국자법에 대한 논의는 다음의 제3권한에서 다시 논할 것이다.)

사회와 개인 간 정의에 대한 충돌은 결국 '이념적으로' 볼 때, 집단주의적 정의와 개인주의적 정의 간 실력적 대결에서 최종적으로 결정된다. 그런데 이런 실력적 대결 구도의 최종적 판결을 선거라고 보는 것이 민주 사회의 기본 원리이다. 세계의 대부분 정부들은, 그것이 특히 일반 국민들의 민주적 지지로 당선된 정부들은, 국민들 각자가 정의로운 대우를 사회로부터 받고 있다는 점을 국민들에게 확인시켜야 한다. 물론 그렇다고 해서 모든 정부들이 공언한 대로의 정의를 모두 실현할 수는 없다. 그러나 다수의 국민들은 정의가 사회적 인식과 일치하여 그들에게 보상과 처벌이 돌아온다고 믿는 한에서는 정부에 대한 신뢰를 가진다. 그러나 정부가 그런 기능을 수행하는 데 실패하게 될 때, 또는 그런 기능을 집행하는 능력을 잃게 될 때, 무법 세상인 혼란이 퍼지기 시작해서는 마침내 그것은 혁명으로 종결될 가능성을 가진다. 이것은 바로 국가에 대한 역사의 준엄한 교훈이다.

제3권한: 개인의 자유의 보장

정부가 어떤 형태로든 존재하지 않는다면, 어떤 안정된 사회가 조직될 수 없다. 그런 안정된 사회가 없다면 개인들을 위한 어떤 실질적인 자유가 존재할 수 없다. 그래서 현대의 정부가 지키고자 하는 개인적 자유는 정부의 제3권한이다.

모든 정부들은 법률과 질서를 유지함에 의해 어떤 개인의 권리가 자유롭게 이행되는 것을 보호하기 위해 노력한다. 그러나 모든 정부들이 공언한다고 해서 실제로 모든 사람들의 자유가 보호하는 것이 아닌 점은 위에서 본 정의의 확보에서와 같다.

오늘날 민주 정부들은 비민주 정부들보다는 더욱 자유를 보장하고자 하는데, 이것은 민주 정부들이 개인적 자유의 방어를 그것들의 '주요' 기능으로 간주해 왔기 때문이다. 예를 들자면, 미국 헌법은 이 연방 국가의 근본적 목적을 "자유라는 축복을 우리 자신들과 후손들에게 보장하는 것"이라고 규정한다. 현대적 민주주의가 초기의 발전 단계에 있었을 때인 과거에 정부는 가끔 자유의 적으로 간주되었지만, 정부가 개인적 자유의 방어자라는 신념은 점차로 발전되어 왔다. 그리하여 예컨대 미국의 연방 정부는 개인의 자유를 방어하기 위해 독점, 정치적 부패 행위, 인종 및 여성에 대한 차별 등을 처벌하게 되었다.

정부가 개인의 자유을 보장하는 것에는 크게 두 가지 측면이 내포되어 있다. 하나는 자유의 절대적 보장이라는 측면이고, 다른 하나는 자유의 상대적 보장이라는 측면이다. 전자는 흔히 정부의 실패government failure, 즉 정부에 의한 자유 보장의 실패라고도 불리는 것으로서, 관료주의적 병폐에 의해 자유가 희생되는 것을 막아야 하는 측면이다. 이에 해당되는 대표적인 사례로는, 정부의 부당하거나 불필요한 규제가 사적 자유를 제한하는 경우와 정부가 특수한 이익집단의 영향으로 인해 다수의 의지를 반영하는 데 실패하는 경우이다. 후자의 좋은 사례로는 미국의회가 2004년 미군과 영국군 수뇌부가 일선의 이라크 포로 학대를 묵인·방조한 사실을 제대로 조사하지 않아 유야무야된 사실을 들 수 있다. 자유의 상대적 보장인 후자는 '사회를 보호하기 위하여 개인의 자유는 어느 정도 침해될 수 있는가'라는 자유의 보장과 관련해 가장 근본적인 문제를 일으키는 주제로서, 지금 미국 사회에는 이에 대한 논쟁이 치열하게 벌어지고 있다.

그것은 바로 9·11 사태 이후 미국이 통과시킨 애국자법Patriot Act을 둘러싼 논쟁이다. 이 법은 정부가 테러 분자일지도 모르는 개인들을 체포하고 구속할 수 있는 권한을 정부에게 부여한 것이다. 이것뿐만 아니라 이 법은 어떤 개인들에 대한 감시를 허용하는 범위를 크게 넓혀 왔다. 이 법에 따르면, 금융기관은 고객의 온라인 거래에 관한 정보를, 서점이나 도서관은 개인들이 어떤 책을 사거나 대출하는가에 관한 정보를 정부에 각각 제공해야 한다.

미국 국민들은 애국자법의 이런 내용들이 개인의 자유를 침해한다는 주장과 국가의 안전을 위해선 더욱 강경한 내용이 필요하다는 주장으로 갈라서 있다. 최근의 여론조사는 국민들 4명 가운데 3명 정도는 전자의 주장을 지지하고 있다. 그러나 여론의 결과와는 상관없이 개인의 자유는 오로지 많은 수의 개인들이나 조직된 집단이 자유의 방어를 위해 기여할 때에만 안전할 수 있다는 것이 현실이다. 다시 말해, 이런 자유들의 보호는 그런 자유들을 향유하는 사람들의 입장에서 능동적이고 책임 있는 경계를 필요로 한다는 것이다. 그래서 우리의 결론은 개인적 자유는 권리인 동시에 책임이라는 것과 그런 만큼 그것은 힘과 정당성을 계속 확보할 수 있도록 방어되어야만 한다는 것이다.

정부의 제4권한은 바로 규제이다. 현대사회가 성장함에 따라 많은 제도들은 물론 집단들이 다양한 기능들을 수행하기 위해 발달해 왔다. 그런 가운데 일부 제도들이나 집단들은 중요한 사회서비스를 제공해 왔는데, 그것들은 가끔 사회의 복지에 반하는 사적 이익인 자신들만의 이익을 강조하게 되기도 한다. 이러할 때 정부는 그들의 행위를 규제해야 할 필요성이 있음을 발견하게 된다. 그래서 오늘날 정부들은 개인적 자유를 최대한 보장함과 동시에 사회적 정의를 최대한 보호하는 선에서 개인행동에 대한 규제라는 적절한 균형을 취하게 된다.

종래 서방 선진국들에서, 자유와 정의가 양립하지 못하고 서로 모순에 빠지는 대립적 관계에 서게 되는 사례를 발견한다. 그런 좋은 사례로는 공익사업public utility을 담당하는 기관들을 들 수 있다. 이런 종류의 공익 기관들은 그 사업의 성질상 자연독점natural monopoly의 형태를 띠게 된다. 자연독점이란 산업의 성격상 어떤 기업이 사업의 초기부터 거대한 설비자본의 투입이 필요하여, 그 결과 소규모 자본 간 경쟁보다 생산비를 낮출 수 있게 되어 자연스럽게 독점이 되는 것을 말한다. 다시 말해, 생산의 평균비용이 지속적으로 감소하여 생산량이 커지면 커질수록 재화의 생산비가 감소하는 경우이다. 그런 상황에서는 시장이 경쟁적일 수가 없다. 이럴 경우 단 하나의 기업이 규모의 경제economics of scale가 주는 편익도 취할 수 있어 해당 산업의 전 생산량을 일정 지역에 공급할 수 있게 된다. 이런 자연독점에 해당되는 산업으로는 고속도로나 교량은 물론이고, 전기, 전화, 가스, 철도, 텔레비전 등을 들 수 있다.

　자연독점과 같은 공익 산업은 과거에 유럽에서는 정부에 의해 직접 생산되는 공기업 형태를 취한 반면, 미국에서는 민간 기업에게 그 공급이 일임되는 원칙을 취해 왔다. 그래서 미국의 민간 기업화 사례에서 보여 준 것처럼, 이런 공익 기업들은 과도한 가격을 부과하면서도 서비스는 형편없는 경우가 가끔 있어 왔다. 이에 일반 공중을 보호하기 위해 미국 정부는 시장 경쟁 원리를 도입하는 절차를 마련하였다. 그러나 미국이 신자유주의 정책을 추구했던 1980년대 이래로 정부는 많은 공익 산업들을 사기업에 매각하는 민영화를 단행하였다. 이와 함께 정부 규제의 완화가 뒤따랐다.

　그러나 민영화와 탈규제로 인한 일부 결과들은 정부의 그런 위축이 바람직하지 않음을 드러냈다. 그런 사례로는 미국에서 크게 파문을 일으켰던 엔론앤월드컴Enron and Worldcom 회계 관련 부정 사건에서 중요했던 회계 규정 완화가 그것이다. 또한 캘리포니아에서 전력 위기를 초래했던 전력 규제 완화도 사례에서 빼놓을 수 없다. 그런 개인행동의 규제 여부가 첨예하게 대립하고 있는 분야에서 정부는 지금 규제 쪽에 손을 들어주는 방향으로 선회하고 있다. 이는 곧 반신자유주의反新自由主義이다.

제5권한: 일반 복지의 고양

　사회의 전반적인 통제 기구인 정부는 우리가 위에서 본 네 가지 기능들을 넘어서는 일반 복지를 다양한 방법으로 고양시키는 제5의 임무를 결코 회피할 수 없다. 과거의 국가들은 복지 활동들을 일부 수행했다. 농민들에게 도움을 주었으며, 민간 사기업들에게 보조하였고, 심지어 가격을 일반적으로 규제하기도 했던 것이다.

일반 복지를 위한 정부의 활동은 20세기 들어 크게 증가되어 왔다. 그러나 20세기 말에 선진국 정부는 신자유주의 정책을 채택하여, 어떤 제한된 범위 내에서만 적극적인 수단들을 동원해 시민들의 물질적 후생을 증진시켜 왔을 뿐이다.

현대 국가들은 정부의 일반적 복지 기능을 조정하고 강화하여 지금의 정부 기능으로 정착시켜 왔다. 그리하여 이제 정부는 경제적 및 사회적 상호 행위가 포괄적으로 일어날 수 있는 제도적 구조를 제공한다. 정부는 개인들, 집단들, 나아가 사회 전체를 이롭게 할 목적으로 일반 복지를 위해, 경제를 규제하기도 하며 세금을 부과하기도 하고 어떤 행동을 금지하거나 보호하기도 하는 각종 서비스를 제공하고 있다.

일반 사람들은, 정부의 이런 광범한 사회서비스를 알든 모르든 상관없이, 정부가 요구하는 부담과 정부가 제공하는 이익에 의해 영향을 받는 일상생활을 영위하고 있다. 정부가 우리에게 요구하고 제공하는 것들과 관련해 일부 사례들을 들면 아래와 같다. 사람들은 자동차를 탈 때 정부가 제공하는 도로를 반드시 이용하며, 정부가 제공하는 공원이나 스포츠 시설에서 여가를 즐기고, 정부의 지원을 받는 학교에 자녀들을 보내며, 정부가 발행하는 여권을 가지고 해외로 여행할 수 있고, 여행 중에 문제가 있을 때 자국의 영사관 등 외교 공관에 도움을 청하며, 실업이나 장애가 발생했을 때 정부 기관으로부터 도움을 받을 수 있고, 법을 위반했을 때에는 정부가 설립한 사법기관의 재판을 받을 수 있다.

정부가 일반 사람들의 복지를 증가시키는 활동 가운데 최근 우리의 관심을 끄는 것은 국민의 보건, 교육, 사회보장 등 전통적인 사회복지 체제에 포괄되는 다양한 편익들이다. 특히 미국에서는 신자유주의의 영향으로 감축되는 사회복지에 관해 크게 두 가지 방향의 논의가 있다. 하나는 연방 정부가 시민에게 제공해야 하는 건강보험의 범위는 과연 어디까지인가이고, 다른 하나는 정부가 제공하는 교육 및 사회보장을 포괄하는 복지서비스는 어떤 방법으로 재편성해야 하는가이다.

정부가 갖는 전통적 권한들에 위의 다섯 가지를 넘어 어떤 새로운 권한들이 추가되기는 어렵다. 다시 말해, 위의 권한들은 지금까지의 역사에서 정부가 그 조직과 인력과 예산으로 최소한 수행해야 될 역할의 범주인 것이다. 이것은 한국과 같은 자본주의적 민주주의(과거 사회주의 이론에서는 자본가계급 민주주의bourgeois democracy라고 불렀다)에서 정부가 권력으로서 최소한 발휘해야 할 능력의 범위이자 그것의 한계로 정해진 것이다.

어떤 국가가 그 권한을 위의 다섯 가지 외에 구체적으로 적시하여 '에너지 자원의 확보'를 임무로 추가하기로 한다고 가정해 보자. 그렇다면 국가가 에너지 자원의 확보를 위해 전적으로 원유를 소유하고 저분하는 권리를 갖고 있는 석유수출국기구 국가들은 오늘날 국제적 자원전쟁이라는 말에 어울리게, 석유 자원을 마치 '무기'와 같은 위력을 가지게끔 적게 생산하여 가격을 올린다. 그래서 에너지 자원, 즉 석유 자원의 무기화는 그것만으로도 국가의 제1권한인 '국가 안전의 대외적 유지'라는 권한을 훌륭하게 행사하는 것이다. 또한 그런 석유수출국기구의 국가들은 비록 원유의 매장량이 65년밖에 되지 않는 짧은 기간 동안이라도 제5권한인 국민들에게 '일반적 복지'를 고양시킬 수 있는 기름 돈oil dollar을 보유하게 된다. 따라서 오늘날 국가가 수행하는 어떤 기능이든 그것은 위의 다섯 가지 권한의 어디에 대체적으로 해당되는 것이다.

이명박의 정부 권한 설계는 축소판?

이명박 정부는 다섯 가지 고유한 권한을 중심으로 향후 5년 간 한국을 통제할 것이다. 현대의 어떤 정부든 다섯 가지 권한이며 기능인 동시에 의무이며 책임인 것을 수행하기 위해 국민 앞에 그 취임 선서를 한다.

여기서 이명박 정부가 정부의 권한들을 맡을 부처들을 어떻게 구상하고 있는가를 먼저 검토할 필요가 있다. 대통령직인수위원회는 지난 1월 종래 18부 4처를 대폭 줄여 13부 2처로 단출하게 한 정부조직법 개정안을 국회의 심의에 회부하였다. 그 후 정부 조직은 여야간 막바지 협상에 의거하여 지난 2월 20일 새 정부가 들어서기 직전에 15부 2처로 최종 낙착되었다. 이명박 정부는 기본적으로 정부의 유사한 기능들을 서로 통합하는 방식으로 기존의 부처들을 줄여 나갔다.

이명박 정부는 우선, 외교통상부, 통일부, 법무부, 국방부, 환경부 및 노동부 등 6개 부처를 동일한 명칭으로 유지했다. 통일부는 살아 남았지만 대북 협상 창구로서의 기능을 제외한 나머지 업무는 이관될 전망이다. 남북교류협정기금(1조2198억원) 운용은 지식경제부에 맡겨질 예정이다.

나머지 12개 부와 4개처를 9개 부와 2개 처로, 그것들 각각의 명칭과 기능을 통합하는 안이 제출되었다. 지금의 재정경제부는 기획예산처와 통합하여 기획재정부가 되는 한편, 행정자치부는 중앙인사위원회 및 국가비상계획위원회를 합쳐 행정안전부로 명칭이 변경되었다. 종래의 교육인적자원부와 과학기술부를 통합하여 교육과학기술부로 명칭을 정하였다. 또한 지식경제부는 지금의 산업자원부와 정보통신부 일부 및 과학기술부 일부를 통합하여 정부의 주요 경제적 기능을 전담하게 했다. 농수산식품부로 농림부와 해양수산부의 수산 기능이 통합되었고, 문화체육관광부는 문화관광부와 국정홍보처의 기능을 합친 것이다. 이어서 새로이 신설되는 국토해양부에는 지금의 건설교통부 기능에 해양수산부의 환경·해운·경찰 기능이 추가되었다. 끝으로, 보건복지부와 여성가족부를 보건복지가족부와 여성부로 존치하였다. 여성부는 종래 여성가족부가 맡았던 가족·보육 기능이 보건복지가족부로 이관됨으로 인해 초미니 부서가 되었다.

이로써 이명박 정부는 당초 장관급 11자리, 차관급 8자리를 줄이겠다고 했으나, 이번 협의로 각각 10자리, 6자리만 줄이게 됐다. 국가의 일반 공무원도 감축 규모가 당초 6,900여명에서 3,700여명으로 줄어들 전망이다. 이로써 이명박의 '작은 정부' 구상은 타격을 받은 셈이다.

〈표8〉은 정부의 제1~제5권한을 맡게 될 부처를 서로 연관시켜 놓은 것이다.

우선 정부의 제1권한인 국가 안전의 유지에는 6개나 되는 많은 부서들이 집중적으로 배치되어 있다. 국가 안전 가운데 특히 국내 질서를 법적, 행정적 및 재정적으로 나누어 유지하는 세 개의 부서

정부의 권한	관련 정부 조직
국가 안전의 유지	외교통상부, 통일부, 법무부, 기획재정부, 행정안전부, 국방부
사회정의의 확보	교육과학기술부
개인의 자유의 보장	지식경제부, 농수산식품부, 문화체육관광부
개인행동의 규제	환경부, 노동부
일반 복지의 고양	국토해양부, 보건복지가족부, 여성부

〈표8〉 이명박 정부의 권한과 조직

가 있다.

이어서 정부가 맡은 제2의 권한이 사회정의의 확보이다. 사회를 '올바른' 길로 인도하는 국가의 능동선이 있다면, 그것은 도덕과 문화 사회로 이끄는 데 기본적 역할을 담당하는 교육이다. 교육과 과학 기술을 서로 통합한 것은 대학이라는 교육기관이 과학 기술을 연구하는 중심 기관이기 때문일 것이다.

정부의 제3권한인 개인의 자유의 보장은 〈표8〉에 따르면 3개 부가 맡고 있는데, 이것은 기업이나 개인이 특히 자신의 물질적, 경제적 자유를 확대하거나 방어하는 데 필요한 정부의 기능이다. 민간 부문에서 오늘날 그 자유의 확대는 주로 기업(자본)에 대한 규제를 풀어주는 신자유주의적 대책인데, 이에는 탈규제인 출자총액제한제도의 폐지 등과 기업의 기술 개발 능력을 함양하는 것이 주요 과제인 산업 과학의 진흥이 해당된다. 민간 자유의 방어는 소자본(소사유)petty bourgeois을 대자본의 횡포로부터 정부가 보호하는 한편 그들의 자립적 기능을 보호하는 것으로서, 농업, 수산업, 식품 제조업, 관광업 등이 이에 해당된다.

오늘날 선진국에서는 정부의 제4권한인 행정 규제의 대상으로 환경문제가 아주 중요한 것으로 등장하고 있다. 하나밖에 없는 지구의 생태계는 이미 오염으로 인해 부분적으로 파괴되었으며 지구 온난화에 의한 이상 기후와 재난이 뒤따르고 있어, 환경 정책은 규제를 더욱 강화하는 방향으로 갈 수밖에 없다. 오늘날 자본주의 국가에서는 생산수단이 없어 자신의 노동력을 팔아 삶을 영위할 수밖에 없는 노동자들이 국가 인력의 대부분을 차지하고 있다. 노동자들의 해고 자체는 물론이고 고용의 형태인 정규직 또는 비정규직을 기업이 일방적으로 결정하는 현실에서, 정부의 노동정책은 아주 중요한 규제 정책이다.

끝으로, 〈표8〉에서 보듯이 정부의 제5권한인 일반 복지의 고양은 사회의 일반적 보험은 물론이고, 약자 계층인 빈민, 장애인, 노년층, 여성들에 대한 기본적 필요를 제공하는 사회복지가 중요한 과제이다. 여기에 국토해양부를 넣은 것은, 국가가 실시하는 토지나 해양의 개발에서 나타나는 최근 경향에 따른 것이다. 유럽이나 일본 같은 선진국이 시행하는 토지 개발은 오늘날 토지 공개념에 의거하여 누구에게나 공평한 이용 기회를 제공하는 일반적 복지를 위해 시행되고 있다.

우리는 〈표8〉에서 알 수 있듯이, 통일부를 제외한다면 이명박 정부의 부서들이 세계의 거의 모든 선진국들과 비슷한 양상을 보이고 있음을 알 수 있다. 대부분의 국가들이 그러하듯이, 한국은 국가 안전의 유지에 총 5개 부서(통일부를 추가하면 총 6개 부서), 또한 개인의 자유의 보장에 3개 부서를 배치하고 있다. 이에 따라 자본주의국가는 국가안전의 유지를 기본으로 개인자유의 보장을 첫째로 하는 권한을 가지고 있음을 알 수 있다. 이것은 곧 현대 자본주의국가가 자본가계급의 권익을 기본적으로 지켜주는 정부라는 것을 보여 준다. 이는 우리가 그런 8개 부서들의 실질적 권한을 알아 보지 않아도 부서의 수로부터 충분히 파악된다. 그래서 이명박 정부가 종래보다 정부 부서의 수를 줄였다 하더라도, 자본주의 국가로서의 기본 임무를 위한 부서를 줄이지 않은 점에서 이전의 노무현 정부와 다를 바 없는 '거대' 정부이다.

더구나 이명박 정부는 그것의 실질적 권한을 약화시킬 탈규제 정책을 실시할 계획에 있다. 즉 정부의 모든 부서에서 "규제 50건당 공무원 1%씩 감원"하는 방식을 도입할 경우, 이 정부는 그야말로 자본가계급의 권익을 철저히 사수하는 신자유주의 정권이 될 것이다. 이명박 정부는 이처럼 형식적으로는, 신자유주의적 교리에 맞게 정부의 조직과 예산과 인력을 전반적으로 줄인다는 대의에 충실한 것으로 보인다. 그러나 실질적으로 볼 때, 이명박 정부는 그간 자본가계급을 위해 다양하고 복잡하게 발전해 온 국가의 안전과 그들의 자유를 위한 권한을, 더구나 규제 완화와 함께 집중적으로 강화시킨 것이다. 또한 선진국 사회과학의 일반론에 따르자면, 법무부는 사실 정부의 제2권한인 사회정의의 실현을 위해서 존재하는 부서이다. 그러나 한국 사회는 법무부가 관장하고 있는 검찰청이 '정치 검찰'이란 소리를 듣고 있어, 아직도 법무부는 국내 치안 질서의 유지라는 제1권한에 넣는 것이 합당하다. 우리는 법무부 대신 사법부가 국가의 사회정의 실현을 위한 독립된 권한으로 본다.

또한 이명박 정부가 형식적으로 정부 조직을 줄였다고 해서, 그

것이 정부의 권한들을 근본적으로 다시 재조정하였다고 평가할
수는 없다. 물론 이명박 정부는 규제와 관련된 국과局課들을 폐지
하고 민영화를 단행하여 인력과 예산을 어느 정도 줄이겠지만, 그
것만으로 정부의 기능을 '현대 정부'에 맞게 작게 조절했다고 볼
수는 없다는 말이다. 예컨대, 오늘날의 어떤 정부든 그것이 규제를
완화코자 하거나 또는 완화했을 때 과도한 사익을 초래하는 것을
막기 위한 시민의 참여와 감시의 공치公治 governance 제도를 두고
있다. 다만, 노무현 정부 때에는 이런 공치제가 너무 남발되어, 교
수 등 전문가들을 들러리로 내세워 결정하는 위원회제가 많이 생
겨났지만 말이다.

그리고 현대 신자유주의 정부들은 공치 체제 이외에, 규제 대신
에 감독하고 지원하는 체제를 정비하고 있다. 더군다나 이명박 정
부는 정부의 권한을 아예 포기할 정도로까지 민간의 활동을 자유
롭게 하면서 지원할 계획인 것으로 보인다. 그렇다면 그런 지원 체
제, 예컨대 경부운하 건설, 영어 몰입 교육 등을 지원하는 데 국가
의 조직과 예산과 인력을 반드시 확보해야 한다. 그렇다면 결국 이
명박 정부는 규제 정부에서 지원 정부로 그것의 명색만 바꾸는 것
이지 사실상 조직과 예산과 인력의 개편이 이루어진 것이라고 평
가할 수는 없는 것이다.

이명박 정부는 정부 예산을 법인세 등의 세율 인하로 20조원
가까이 절감할 계획이라고 한다. 그러나 어떤 정부든 해마다 물가
상승으로 인해 세수가 전반적으로 오르기 때문에 국민은 그것보
다 더 오른 세수를 다른 명목의 세금으로 납부하게 되어 있다. 다
시 말해 국민총생산이 증가하게 되면 국가 예산은 자연히 증가하

게 되어 있다. 어떤 세원에서 20조원이 줄면 다른 세원에서 20조
원보다 많이 보충되는 것이다. 그런데 이명박 정부는 새로운 지원
사업들이 많아 노무현 정부 때보다 훨씬 큰 재정 적자를 낳을 가능
성이 크다. 이것은 결국 국민들의 부담으로 결국 떨어질 것이다.

그리고 이명박 정부는 한때 통일부를 없애고자 했지만, 여야 간
협상에서 통일부는 대북 협상 창구로서 독립 부서로 살아남았다.
남한과 북한으로 갈라선 지 60년이 되었지만, 국민에게는 민족통
일에 대한 염원이 여전히 남아 있다. 이에 지난 2000년 김대중이
북한을 방문하여 두 국가 화해와 교류를 제도화하였다. 그리고 노
무현은 지난해 북한을 방문하여 10·4 남북평화선언을 달성했다.
이처럼 남한에 어떤 정부가 들어서든 민족국가nation-state의 반쪽
을 대표하는 정부 차원에서 통일 노력은 계속되어야 할 것이다. 더
구나 이명박 정부는 한반도 비핵화라는 아주 긴요한 책무를 떠맡
고 있는 정부로서, 그리고 북한에 '비핵·개방·3000 구상'을 대
북 개방 정책으로 추진할 계획인 정부로서, 그간 정부 차원에서 남
북교류협력기금을 운용하는 등으로 통일부를 통해 보인 대북 외
교 노력을 기울여야 마땅한 것이다.

정부의 전통적 권한이 약화될 우려

정부는 필요악인 동시에 능동선을 추구하는 본질을 갖고 있다.
이것은 한국처럼 선진국에 해당되는 현대 문명사회가 반드시 국
가를 필요로 하는 이유이다. 그런데 이명박 정부는 우선 필요악에
서 정부의 진정한 역할인 악惡을 충분히 이행하지 못할 가능성을

보이고 있다. 누구나 자동차 운전을 할 자유가 있지만 그것을 누리기 위해선 정부로부터 면허를 받아야하는데, 이 면허가 바로 악에 해당하는 것이다.

친기업적 정책을 펴고 있는 이명박 정부는 향후 모든 기업이 아무런 제한 없이 투자할 수 있도록 할 계획이다. 이 계획에 해당되는 중요한 정책이 바로 일정한 기업에게는 투자를 금지시킨 출자총액제한제도(이하 '출총제')를 폐지하는 것이다. 이명박 대통령 직인수위원회는 출총제는 세계 어느 나라에도 없는 법이라며 이 제도의 폐지 쪽으로 가닥을 잡았다.

이 제도는 재벌 기업의 문어발식 사업 확장을 막기 위해 지난 1987년에 제정된 법률이다. 이 규제 제도는 그 후 1998년에 IMF 사태로 인해 외국인에게 주식 · 채권시장을 개방함에 따라 번진 재벌 기업들의 경영권 방어를 위해 폐지하였다. 그러나 그 다음해인 12월에 재벌들의 기업 지배 구조의 개선을 위해 다시 도입되었다.

한국의 재벌들이 대표적인 악법으로 지목하고 있는 출총제는 그간 네 개의 정권을 거치면서 재벌들의 불만과 로비로 인해 그 적용 대상이 줄어 왔을 뿐만 아니라 예외 규정도 폭넓게 적용되어 왔다. 지금은 출총제가 자신 총액 10조원 이상인 재벌 계열 기업에게만 해당되며 또한 국내외 다른 기업에 출자할 수 있는 범위가 순자산액의 40%일 정도로, 제정 당시에 비해 상당히 완화되어 있다.

2007년 12월 현재 출총제에 발이 묶인 기업들은 7개 재벌(기업집단) 소속의 25개로서 다음의 〈표9〉와 같다. 이 표에는 출총제 적용 회사들의 순자산액과 출자 여력액도 함께 표시하고 있다.

기업집단	소속 회사 개수	출자제한규정 적용 회사	순자산	출자 여력
삼성	59	삼성물산, 삼성에버랜드, 삼성전기, 삼성전자, 제일모직, 삼성중공업, 삼성코닝정밀유리, 에스엘시디, 삼성에스디아이	64조 8702억	21조 2029억
현대	36	기아자동차, 현대모비스, 현대자동차, 현대하이스코, 현대제철	28조 474억	8조 835억
롯데	44	호텔롯데, 롯데건설, 롯데쇼핑, 호남석유화학	19조 7050억	5조 2354억
GS	48	지에스건설	1조 7836억	5830억
금호아시아나	38	금호석유화학, 금호타이어	1조 6110억	6조 7447억
한진	25	대한항공, 한진해운	1조 3582억	
현대중공업	7	현대미포조선, 현대중공업	5조 6201억	9023억

〈표9〉 출자총액제한제도 적용 대상 기업 현황

이 제도는 재벌의 경제력 집중을 방어한다는 명분으로 만들어졌지만, 노무현 정부 때 도입한 많은 예외 조항으로 인해 사실상 사문화되었다. 재벌 기업들은 출총제가 그간 신규 사업 진출, 유망 산업 인수, 협력업체 출자, 외국인 투자 유치 등에 걸림돌로 작용해 왔다고 한다. 이 제도의 폐지는 곧 재벌 기업들의 투자를 촉진시킬 것으로 본다. 그간 기업 내부에 쌓아둔 돈이 사상 유례없이 많다는 것이 전국경제인연합회 측의 견해인데, 재계 전체로 10조 원 이상의 출자 여력이 있을 것으로 전망되고 있다(『중앙일보』 2008년 1월 7일).

우리가 여기에서 생각해야 할 점은 이처럼 재벌 기업들에게 '투자 족쇄'처럼 여겨져 온 출총제가 폐지되지 않은 이유는 어디에 있었는가이다. 출총제는 재벌 기업들의 경제력 집중인 문어발

식 사업 확장은 물론 재벌들의 기업 지배권 강화를 막기 위한 제도라고 공정거래위원회, 시민 단체, 학계는 설명하고 있다. 이들은 1998년 1년 가까이 이 제도가 잠시 폐지되었을 시기를 예로 들어 설명한다. 재벌들은 이 틈을 타 투자는 하지 않고 계열사 보유 지분을 늘려 경영권을 방어하는 데 열을 올렸다. 그러한 출총제 폐지 반대의 주장에 대해 전국경제인연합회는 당시와 지금은 상황이 많이 다르다고 주장한다. 당시에는 정부의 방침에 따라 돈을 부채 비율 200% 달성 등에 쏟아 부어야 했으며 외국 기업의 적대적 인수 합병 시도도 만만치 않았던 특수 상황이었다는 것이다.

그러나 출총제가 폐지되지 않은 것은 사실상 재벌들의 산업을 보호하여 이들에게 자본을 대고 있는 금융기관과 자본시장의 부실화를 막아 그들의 대외적 신용을 유지하려 했기 때문이다. 한마디로, 출총제는 경제의 불안을 감안하여 한국 경제의 주춧돌인 재벌 대기업들이 안전하게 기업을 영위하도록 여유 자금을 사내에 보유토록 하는 제도, 특히 다른 계열 기업의 부실로 인해 연쇄 부도 사태가 모기업에 까지 번지지 않도록 하기 위한 대책인 것이다.

세계 경제의 불확실로 인해 부실이나 파산의 위기가 그 어느 때보다 높은 현실에서, 출총제는 기업에게 경영의 안전을 제공하는 장치의 역할을 해 온 것이다. 지난 세기 말 한국 경제를 독점하고 있었던 일부 재벌의 파산으로 금융 위기를 오게 하고 이어 외환 위기로 연결되어 한국 경제를 사상 유례없는 파탄으로 몰아가게 된 것이 1997년의 IMF공황이었다. 박정희 정권이 금융자본을 대기업에게 몰아 준 결과 탄생된 대우나 현대와 같은 재벌들이 문어발 식 빚 경영으로 파산하게 된 것은 지금의 재벌들이 잊지 말아야 할 교훈이다. 그 당시 30대 재벌 가운데 절반인 14대 재벌이 부도나거나 파산하였다.

출총제는 이명박 당선인의 말 그대로 세계의 어디에도 없는 규제 제도이다. 왜냐하면 재벌은 우리나라에만 존재하는 독점자본이기 때문이다. 재벌 기업에 대한 규제로서 사실상 출총제가 마지막 남은 것이지만, 그것은 이제 규제라고 볼 수 없을 정도로 정치인과 관료들의 부정부패와 재벌들을 옹호한 역대 정권에 의해 많이 완화되었다. 그렇다 해도 출총제는 과거 박정희 정권에서 무제한적인 금융 지원으로 탄생된 재벌에 대한 국민의 마지막 감시인 셈이다. 그간 재벌들이 저지른 부정부패는 지금 삼성특검이 설치되었다는 사실에서도 잘 드러나고 있다.

이명박 본인이야말로 그런 재벌 가운데 하나인 현대에서 잔뼈가 굵었던 사람이다. 그런 만큼 그는 재벌들이야말로 공익보다는 자신들의 이익을 위해 결사 항전하는 봉건적이고 수구적인 악습에 젖은 독재적 경영자란 사실을 누구보다도 잘 알고 있을 것이다. 또한 그런 재벌들이 출총제를 폐지한다고 해서 이명박이 기대하는 만큼 대기업 투자 확대라는 효과가 곧장 일어날 것으로 기대하는 것은 너무나 순진한 발상이다.

그래서 우리는 출총제뿐만 아니라 기업에 대한 규제들은 정부의 제4권한에 근거하는 것으로서, 기업과 같은 사회제도들이 자신의 사적 이익을 추구하는 것을 막는 정당한 권한이라고 본다. 정부가 이런 전통적 권한을 행사하지 않을 경우 그것의 권력은 약화될 수밖에 없다. 이러한 규제 제도는 한편으로는 기업의 자유로운 영리 활동을 막는 것이지만, 다른 한편으로 그것은 개인들의 권리인 재산권을 보호하는 정의로운 국가의 권한인 것이다. 그런 점에서 이명박 정부는 정부의 권한은 필요악이라는 점과 그것은 필요악을 넘어 한국이란 문명사회가 정의롭게 발전할 수 있는 능동선이라는 점을 잊어선 안 될 것이다.

정부 권한의 왜곡 심화 우려

매일경제신문사가 발간한 『MB노믹스』는 노무현 정부를 "크고 일 못하는 정부"라고 직접 비판하지는 않았지만 이명박 정부가 분명히 "작고 일 잘하는 정부"가 될 것이라고 평가한다. 『MB노믹스』는 시장에 개입하지 않기로 작정한 이명박 정부야말로 민간을 중시하고 나아가 실천하는 일 잘하는 정부가 될 것이라고 지적한다(21쪽).

그런데 정부는 우선 민간과는 전혀 다른 조직일 뿐만 아니라 효율과는 관계없는 다른 많은 권한들을 행사하는 기구이다. 정부는 특히 국가 안전을 책임지는 권한 하나만으로도 극단적인 물리적 강제를 민간에게 작용할 수 있다는 점에서 가계나 기업과 같은 민간 조직과는 다르다. 또한 문명사회를 실현코자 하는 정의로운 활동인 교육의 분야를 보자면, 작은 비용으로 큰 편익을 추구하는 효율적 관점에서 취학 아동이 적다고 초등학교를 폐지하는 것은 결코 현명한 정부가 할 일이 아니다.

오늘날 세계는 정부의 역할을 최소화하는 신자유주의적 경향에 빠져 있다. 세금을 줄이고 정부의 조직을 단출하게 하고 정부의 인력을 줄이는 것이 최선의 길로 여기고 있다. 그러나 현대 민주 정부들은 5대 고유 권한들을 근거로 하여 그것들의 균형적 발전을 도모하여 왔다. 예컨대, 박정희 정권과 전두환 정권 때에는 그들의 권력을 유지하기 위해 국가 안전의 유지를 강조한 나머지 개인의 자유를 희생시켰던 불균형적 권한의 배분으로 인해 독재주의로 낙인이 찍혔다.

그런 점에서 정부의 권한들은 국민들에게 최소한 균형 있게 봉사하는 기능이며 의무이기도 하다. 또한 이는 국민들이 국가에 대해 그런 의무를 이행할 것을 요구한 운동의 결과이기도 하다.

민주주의에서 정부의 권한들이 앞서 본 다섯 가지 기능으로 낙착된 것은 국민들의 정치적 참여와 선거로 가능했던 것이다. 국민들(개인들)이 정부에 영향을 미치는 수단이 정치이고, 정부와 정치의 중요성은 정치 이론으로 발전하였다. 현대의 정부 체제는 정치 이론가인 존 로크나 토마스 홉스의 이론들에 기초를 두고 있다. 존 로크의 국민주권에 관한 이론이 오늘날 현대 민주주의 이념의 기초를 이루고 있다.

현대 정치 이념에서의 논쟁은 더 이상 국민주권의 민주주의와 어떤 특별한 능력을 갖는 소수 정예의 지배를 논한 파시즘fascism 과의 대결 구도가 아니다. 오늘날 정치 이론의 핵심은 위의 5대 권한들 가운데 어떤 권한이 다른 권한보다 강조되거나 약화되는 현상에 대한 논쟁이다. 정부의 성격이 당초 기대와는 다르게 왜곡되는 현상이 발생하는 경우로는 신자유주의 정책이 대표적이며, 그것이 더욱 심화됨으로써 민주주의 이념에 부합되지 않는 정치 현실이 되는 대표적 사례가 미국의 대테러 전쟁을 위해 개인 자유를 희생시키는 경우이다.

우리는 이런 권한의 왜곡 현상을 이명박 정부에서 발견할 수 있다. 지난 2월 10일 국보 1호인 숭례문이 개인의 방화에 의해 소실된 후, 이명박은 국민의 성금으로 재건하자고 발언한 바 있다. 이에 대해 야당을 비롯한 시민 단체들의 즉각적인 반대가 뒤따랐다. 어떤 사람들은 그가 서울특별시장 때 남대문을 일반 공개로 돌린 데 대한 책임을 묻고 있었다. 그러나 여기에서의 핵심은 그런 문화재의 관리가 시민 단체가 아니라 국가의 책임으로 되어 있다는 것이다. 이에 공식적 절차를 밟아 국민들의 세금으로 결정된 국가 예산으로 재건하는 것이 국가의 제1의 직무가 될 것이다.

국민의 성금이란 곧 개인의 재산권에 대한 침해이다. 우리는 이명박이 기업의 투자 촉진을 위해 세금을 감축하고 기업의 준조세적 성격의 경비를 없앨 것으로 알고 있다. 기업의 준조세적 경비야말로 국민적 성금에 포함된다.

그의 이런 실언을 두고 볼 때, 지난 1월 이명박 정부의 정부 조직 개편안에 대해 청와대가 보인 반응을 이해할 수 있다. 청와대는 그 개편안이 "개발 독재 시대에 맞는 제왕적 대통령 시대로 돌아갈 가능성이 높은 안이기 때문에" 거부권을 행사할 뜻을 비쳤던 것이다. 이것은 정부 조직 개편을 눌러싼 신·구 권력 산 충돌의 하나지만, 노무현 정부의 그런 강력한 반발은 이명박 정부 인수위원회에서 정부 조직안이 결정된 철학과 절차 등 배경이 박정희 정권 때의 독재적 결정과 유사하다는 사실을 떠올리게 한다.

지금까지 이명박 당선인의 공약과 인수위원회의 태도를 볼 때, 이명박 정권에는 정부의 다섯 가지 권한을 불균형하게 고려하여 권력의 민주적 정당성을 상실할 위기가 점고되고 있다. 이명박 정부는 국가 안전의 유지와 개인의 자유의 보장에 국가의 자원을 집중적으로 투입하는 한편, 나머지 국가 권한인 사회정의, 개인 규제, 일반 복지에는 자원을 소홀히 투입할 것으로 보인다. 우리가 이미 앞에서 논의했던 이명박 정부의 여러 가지 특징들인 친미 보수적, 신자유주의적, 민간 주도적 특성들은 불균형 권력을 창출할 개연성을 높이고 있다. 달리 말하자면, 이명박 정부는 개인적 정의를 사회적 정의보다 앞세울 것이며, 기업에 대한 규제를 완화할 것이고, 나아가 정부의 재분배 기능인 사회복지를 후퇴시키고 세금 감축을 단행할 계획인 것으로 보인다.

여기서 잠시 이명박 정부의 그런 권한 불균형이 자본주의의 어떤 역사에서 비롯되었는가를 짚어 보자. 이명박과 같은 선진국의 자유주의자 또는 자본주의자는 일찍이 국가 안전의 유지와 개인의 자유의 보장을 정부가 해야 할 주요 이슈로 여겨 왔다. 19세기 말에 독점자본은 제국주의imperialism를 표방하여 권력과 협력하여 해외 식민지를 개척하여 세계 영토를 자신의 지배하에 두었다. 이런 제국주의 전쟁이 세계 양차 대전이었는바, 이처럼 선진국은 국가 안전의 유지를 제1의 정책으로 추진하였던 것이다. 이런 제국주의적 전통은 지금도 여전히 살아 있다. 또한 자유주의자들은 기업 자유를 최대화하는 것을 자신들의 신조로 삼는데, 이것은 시장 참여자들의 자유를 바탕으로 시장경제 원리를 설명하는 신고전학파 경제학이 대변하고 있다. 정부의 양대 권한, 즉 국가 안전과 개인의 자유야말로 자본주의자들이 국가를 필요로 하는 궁극적 이유이기도 하다.

한국의 공공 행정 만족도, 미국 앞서

끝으로, 한국의 국가고객만족도Natinal Customer Satisfaction Index(NCSI)조사에서 공공 행정에 대한 국내 소비자들의 만족도가 미국보다 높은 것으로 나타났다는 점을 검토하기로 하자.

이 조사는 아래의 〈표10〉에서 알 수 있듯이, 국내의 주요 상품 및 서비스에 대한 기대 수준과 품질 평가·충성도 등을 조사해 100점 만점 기준의 고객 만족도를 측정한 것이다. 이 조사는 그간 10년 간 실시해 왔는데, 지금 조사 대상 업종은 국내총생산의 80%를 점하는 56개 237개 기업으로 늘었으며, 이에 대해 고객만족도를 산출하는 표본조사 대상은 6만 4천여 명으로 확대되었다. 국가고객만족도는 그동안 고객 만족 관련 국가대표지수로 자리매김하면서 국가 품질 경쟁력과 국민 삶의 질 향상에 길잡이 역할을 했다는 평가를 받고 있다.

한국생산성본부는 지난 1월 29일 NCSI 10주년 기념 국제컨퍼

(기준 100점 만점, 2007년 말)

구분	한국	미국
보건·사회복지	76.6	76.8
전기·수도	75.7	72.9
오락·문화	75.6	62.0
내구재 제조	73.1	80.9
공공 행정	73.1	67.7
금융·보험	70.9	76.0
도소매	70.1	74.4
통신	69.5	70.0

자료 : 한국생산성본부

〈표10〉 한국과 미국의 분야별 고객 만족 지수

런스를 여는 자리에서, "1998년 첫 조사 때 국내 기업의 고객만족
도는 미국과 평균 13.8점의 격차를 보였지만 지난해엔 3.3점차로
좁혀 졌다"고 밝히면서, 전기·수도, 오락·문화 그리고 공공 행
정에선 미국보다 만족도가 오히려 높다고 지적했다. 그 반면 금
융·보험, 숙박·음식업의 만족도는 미국에 비해 떨어지는 것으
로 조사됐다. 한국생산성본부가 실시하는 NCSI는 미국이 조사하
는 미국고객만족도ACSI와 동일한 방법으로 조사하여 비교한 것이
다. 국민들은 정부와 전기·수도 등 공기업에 대해 대체로 만족하
고 있다. 이명박 정부가 향후 참고해야 할 사안일 것이다.

그러나 우리는 공공 행정의 만족도에 분명 문제가 있다는 것을
지적하지 않을 수 없다. 특히 지난해 세계적으로 주목받은 태안의
삼성중공업 기름 유출 사고에서 피해 주민들이 입은 손해를 정부
가 얼마나 빨리 처리했는가를 묻지 않을 수 없다. 그간 수개월 간
피해를 본 주민들에게 지난 12월 13일 고작 558억원의 긴급 생계
비가 중앙에서 지원되었지만, 충청남도는 이 생계비를 해가 바뀌
어 1월 중순이 되어도 6개 시군에 지급하지도 않았다. 시·군간
서로 눈치보는 정부의 이런 관료주의, 편의주의는 즉시 개선되어
야 할 뿐만 아니라, 이것이 생계비인 만큼 정부는 선 지급 후 피해
조사 방식을 도입해야 할 것이다.

자본주의 반대와 사회주의 변혁을 위한 단결과 연대의 운동을 전개하자

이명박 정부의 탄생으로 그것과 대치점에 서 있던 것으로 평가된 노무현 정권의 보수 개혁파(그런데 제도 언론이나 우파의 편 가르기 흑백논리는 노무현 정권을 좌파나 진보파로 부르고 있다)는 후퇴하게 되었다.

한국의 개혁파는 학창 시절에, 박정희 군사독재 정권에 반대하고 대체로 자본주의적 민주주의를 한국에 구축하겠다는 이념을 갖고 있었다. 그들의 민주주의 열망은 그 후 국민들의 염원으로 전화되었고, 마침내 10년 전에 민주주의를 표방한 김대중을 통해 보수 개혁파가 대통령 선거에서 권력을 거머쥐는 계기를 만들었다. 그런데 한국의 봉건적 악습인 지역주의에 의지해 당선된 김대중은 자신의 집권 연장에 매몰되어 사회의 전반적인 민주화를 달성하는 데 주력하지 않았다. 이처럼 민주주의가 미진한 와중에 정권은 연장되어 노무현에게 넘어갔다. 노무현 정부는 정치적 민주주의를 거의 완성시켰지만, 경제적 불평등은 자본주의 체제의 한계

147

로 결코 해결하지 못했을 뿐만 아니라 더욱 구조화시켰다.

노무현 정부가 인수한 한국 자본주의는 선진 경제로 진입하기 위해 IMF공황 이후 재벌 자본을 중심으로 개혁과 개방을 진전시켰다. 지금도 재벌 자본의 개혁은 느리지만 개방은 주로 미국계 금융자본을 통해 빠르게 진척되고 있었다. 여전히 재벌 경제인 한국은 재벌 2세의 경영권을 확보하기 위한 '주인있는 기업'으로의 욕구로 인해 개혁이 느릴 수밖에 없었다. 개혁이 미진하면서도 기술 개발과 수출 증대로 재벌의 초과이윤이 적립되었으며, 일부 재벌 기업들은 이윤 증대를 위해 외국으로 진출했다. 이런 상황에서 기업의 자본과 고용력은 충분했지만 비정규직 일자리만을 고용하는 개혁의 한계를 보여 주었다.

노무현 개혁파는 우리 경제의 성장 동력이 대형 자본인 재벌 기업에게 있다는 보수적 기업관에 있었다. 노무현 정부가 정권을 잡자마자 했어야 할 사업은 그들의 정권 연장과 결부된 수도 이전 대책이나 그 후 아파트 값 폭등에 대한 부동산 대책 등이 아니었다. 노무현 정부가 최초로 했어야 할 사업은 바로 재벌 경제를 약화시키는 것이었다. (물론 개혁파는 결코 재벌을 경제 독점으로부터 몰아내지는 못할 것이다.) 민주 개혁파가 할 수 있는 최대치는 주인이 필요 없는 전문적 경영인에 의해 운영되는 공정하고 투명한 기업을 육성하는 것이었다. 정부가 재벌을 경제로부터 몰아낼 수 있는 방안은 적어도 부채와 투자 제한을 연계한 금융·산업 규제 대책을 실시하는 것이었다. 삼성특검에서 문제되고 있는 바와 같이, 차명 계좌를 이용하지 못하게 금융실명제를 재차 단속하는 것이었다. 대통령에게는 임기가 있지만 재벌에게는 임기가 없는 것이다.

한국 사회에는 재벌과 자본가에 버금갈 정도의 독과점을 누리고 있는 업벌業閥 들이 존재한다. 어느 사회든 업벌들은 정치인, 언론인, 변호사, 공인회계사, 의사, 대학교수, 연구위원 등 다양한 서비스업에 종사하는 사람들이다. 이들은 모두 한국과 같은 자본주의사회에서 자신의 이익을 극대화해서 사유재산을 늘려서는 이 재산을 근거로 하여 자신의 영향력을 키워나가려는 지극히 이기주의적 탐욕과 부정부패한 권력을 선호하는 사람들이다.

이명박 정부 장관 후보들의 평균 재산액은 최상층 소득계층 수준인 39억이다. 이런 인사들은 이명박과 마찬가지로, 우리 사회의 체제 및 질서의 위와 아래가 바뀌는 것, 즉 권력의 상하전복을 절대로 좌시하지 않을 사람들이다. 바로 이런 이유 때문에, 우리는 이들을 보수 세력 가운데 수구파守舊派로 분류했다. 이 수구파는 자본주의가 발전할수록 재산과 권력이 커지기 때문에, 이들은 오늘날 선진 국가에서 이른바 권력 정예power elite를 구성해 민주 사회의 권력을 사실상 독점하고 있다. 그런 점에서 노무현 개혁파는 국가의 형식상 권력이었을 뿐이었고, 사회의 실질적인 권력은 한나라당을 중심으로 하는 수구파에게 있었던 것이나. 그래서 노무현 정권은 한국 자본주의의 진전이 '경제적 중심 강화=정치권력의 집중 심화' 라는 것을 과소평가했던 것이다.

노무현 정권이 한국 자본주의의 진전을 과대평가하더라도, 그들이 재벌 경제에 매달리고 또한 언론, 정치인 등 업벌 정치에 사족四足이 매달려 있는 한, 한국의 정치 현실에서 어떤 획기적 변화를 초래하여 정치적으로 성공하기는 어려웠을 것이다. 그래서 자본주의사회에서 선거나 정치의 '현실'은 곧 "누가 어떤 부정을 저질렀는가"를 도덕적으로 혹은 법리적으로 규명하여 자신의 당선을 도모하는 것일 뿐, 어떤 정치적 이념이나 정책이 그것을 대체하는 것이 되기란 사실상 어렵다. 그래서 지난 선거 때 이명박의 최대 도덕적 흠결인 BBK 혐의들이 도마 위에 올랐던 것이다. 그래서 한국에서 이명박과 같이 사유재산의 활용으로 사회적 권력을 얻은 사람들이 다시 정치적 권력을 얻고자 하는 것이야말로 보수 정치인들이 늘 수행하는 자본주의 정치의 전형일 수밖에 없다.

그러나 자본주의 정치에 환멸과 치욕을 느낀 사람들인 진보 인사들은 그런 자본주의의 정치적 병폐를 시정하고자 하며, 나아가 자본주의의 본질인 소외와 착취를 끝장내고자 한다. 이들은 어떤 재산도 없으며 오로지 자신의 양심과 이상 그리고 도덕에 의존한 노동자·민중의 단결과 연대에 의한 민중정치만이 그들의 현실적 자산이다.

한국에서 자본주의가 성숙함에 따라 지배계급의 자산은 기하급수적으로 느는 데 비해, 피지배계급인 노동자와 민중의 생활은 산술급수적으로 나아질 뿐이다. 이러한 사회적 불평등 구조가 현실이지만 국민들은 그런 현실을 자본주의 하에서 '얼마든지' 개선할 수 있는 것으로 착각한다. 지금의 선진국들의 시민들도 그런 자본주의적 생활의 착각 속에 자본주의를 한단계 높이 발전시키는 모델인 21세기 사회주의를 오해하고 있다.

그렇다면 21세기 사회주의란 20세기 사회주의와 달리 어떤 이념을 현실에 가져오고자 하는가? 나는 이미 2002년 대통령 선거에서 사회주의의 다섯 가지 '얼굴'이라며 이것들을 선보인 바 있다.

그것은 아래와 같다.

▶ 세계 패권·지양의 반전평화 구축: 국가와 민족의 자결권을
존중하고 군사력의 감축과 전쟁의 포기로 세계의 평화를 실현함
으로써 폭력을 해체하는 것이다.

▶ 자본주의 해체로 평등한 연대 체제: 자본가계급을 우선적으
로 해체하여 개인의 노동과 필요를 연계하는 균등한 생활로 개인
간, 지역 간, 국가 간 차별을 시정하는 연대를 구축한다.

▶ 국가 계획 주도의 시장 지배 전략: 사회의 종합적 계획에 의
거하여 인간의 기본적인 삶에 필요한 모든 생산 자원들의 사회적
소유와 함께 개인의 다양한 시장 거래에 의한 통합으로 국가 사회
의 공유 및 사유 경제 질서를 구축한다.

▶ 민중의 생존권과 번영을 보장하는 협력 사회: 노동자·민중
의 자율적이며 창의적인 생산에 의거하여 국민들이 공동으로 협
력하는 삶을 구축함으로써 자본주의사회의 본질을 이루는 모든
억압을 해체하고 착취를 배제한다.

▶ 지구 자연의 오염 완화로 생육력生育力 보존: 자연의 생태계
를 파괴하는 오염의 완화와 근절로 지구 만물의 온전한 생육이 지
속되는 자연환경을 마련한다.

사람들은 위의 다섯 가지 사회주의의 원리에 따라 스스로 사회
를 인식하는 기준을 바꾸어야 한다. 종래 자본주의를 사수해 온 보
수주의자들은 사회의 주요 구성이 시장과 정부라는 가설에 익숙

해져 있다. 그들이 주장하는 사회 개혁이란 국가를 후퇴시키는 대신 시장을 전진시키는 것이다. 다시 말해, 정부가 행사하는 강제적 물리력과 시장의 자유로운 물질력(경제력)이 마치 대립되어 경쟁하는 관계인 양 왜곡되어 온 것이다. 자본주의의 이런 왜곡 현상은 어떻게 해서 발생하게 되었는가? 우리가 우선 생각해 볼 수 있는 것은 과거에 소련을 위시한 사회주의사회에서 국가가 전적으로 경제적 문제의 해결을 위시해 사회 개혁을 책임진 데 있었다. 소련 국가가 생산자본에 대한 공유와 함께 추진한 계획은 당시 서구에 영향을 미쳐, 당시 자본주의경제의 문제를 해결하기 위해 기업과 시장을 피해 국가의 정책을 앞세운 케인즈주의가 들어서게 만들었다. 물론 소련이 국가의 강제력으로 사회와 경제를 개혁하고자 한 의도는 당시 자본주의적 지배 사상을 몰아내어 사회주의 이념(국가)와 경제(생산양식)를 신속하게 구축하고자 한 것이었다.

그러나 자유 시장경제가 주체제主體制인 서방에서 케인즈주의는 반세기 간 유지되었던 이념이었으며, 이 책에서 이미 언급했듯이 1980년대부터는 신자유주의와 신보수주의가 서방 세계를 지도하는 현실이 되었다. 이로 인해 서방의 자유주의자들은 그들의 경제 및 사회의 개혁에 이용했던 케인즈식 국가주의에 대항하기 위해 시장과 정부, 기업과 국가를 마치 대립적인 개념인 양 인식했던 것이다. 양자는 결코 대립적인 경쟁 관계에 있는 것이 아니다. 보완적인 협력 관계에 있는 사회제도들이다. 그것들은 사회에서 분립되어 있는 권한과 기능의 차이에서 오는 제도이며 현상일 뿐이다. 공공경제학자들은 적어도 시장의 실패가 있는 사안에 대해서만 정부의 역할을 인정한다. 이에 관해 자유주의자들도 대체로 공인하고 있는데, 이는 이미 애덤 스미스가 개인이 수행하기에 비용이 많이 들거나 이익이 많이 발생하는 사업은 공익사업public works으로 국가가 추진해야 된다고 한 것과 크게 차이가 없다.

그런 점에서 자유주의자들은 일찍이 사회제도 가운데 국가의 역할을 인정하면서 이에 대립하는 개념으로 '개인'을 상정했던 것이다. 자유주의는 국가에 구조적으로 그리고 기능적으로 대립하는 존재인 개인을 상정하였지만, 이것은 인권을 가진 존재인 '인간'과는 근본적으로 구별하여야 한다. 그래서 사회에서 본질적으로 대립하는 것 또는 사회를 근본적으로 구성하는 것은 인권을 가진 인간과 사회를 대표하는 개인이다. 다시 말해, 사회를 구성하는 대립물을 시장과 정부, 혹은 시민가 국가로 보는 것은 자유주의적 개념이다.

우리는 오히려 세계를 구성하는 요소로 '사회를 구성하는 개인'과 '사회의 구성은 물론 자연을 대표하는 인간'을 상정한다. 인간 존재에 대한 이런 철학이 사회주의가 인간과 사회를 추상하는 근본적 개념이다. 이런 관점에서 한국과 같은 자본주의사회를 조망해 보면, 자본주의는 인간 의식의 발전이 자신을 '개인'이라고만 사유하는 낮은 수준에 있는 현실이요 이념이다. 그래서 우리가 생각하는 사회 발전social development이란 그런 개인의 자유를 확대하거나 축소하는 것이 아니라, 그런 개인의 자유를 기준으로 하는 사회제도에 억압되거나 착취되어 온 인간을 그런 사회제도로부터 해방시키는 일이다. 이런 해방으로부터 마침내 인간은 사회 밑에 존재하거나 혹은 나란히 존재하는 것이 아니라 사회 위에 군림하게 되는 존재가 된다. 인간의 해방이 보장될 때 위의 21세기

사회주의는 그 진가를 스스로 드러낼 것이다. 그래서 우리는 오늘
부터 자본주의의 시장을 해체하고 그것의 권력을 파괴하는 투쟁
에 나서야 하는 것이다. 결국 사회주의 투쟁만이 최후의 승리를 거
머쥐게 만들 것이다.

김영규

학력 서울대학교 법과대학
미국 남가주대학(USC) / 공공경제학 · 정치경제학
박사 학위 논문 「재정적자가 통화성장에 미치는 효과에 관한 연구」

경력 한국은행 부장대리
인하대학교 사회과학연구소장
인하대학교 교수협의회 회장
사회당 대표 · 사회당 제16대 대통령후보
현 인하대학교 사회과학대학 교수

저서 「말 같지 않은 세상에 말 같은 말」, 우등불, 1996년
「IMF공황, 개혁과 개방」, 인하대학교 출판부, 1998년
「시장의 실패, 자본의 실패」, 인하대학교 출판부, 2000년
「체 게바라가 살아 한국에 온다면」, 이화문화출판사, 2001년
「경제학 기본원리 강의」, 인하대학교 출판부, 2003년
「자본주의 경제학」, 학영사, 2004년
「정치경제학 Ⅰ · Ⅱ」, 인하대학교 출판부, 2005 · 2006년

이명박 정부 비판

지은이 | 김영규
펴낸곳 | 박종철출판사
주소 | 서울시 마포구 서교동 457-6 성동빌딩 204호(121-842)
전화 | 332-7635(영업), 332-7629(편집), 332-7634(팩스)
등록번호 | 제12-406(1990. 7. 12.)

제1판 1쇄 | 2008년 3월 24일

ISBN 978-89-85022-49-1 03340
10,000원